新媒体·新传播·新运营 系列丛书

New Media

短视频与直播文案写作

张弘 李自海 魏坚◎主编

吴曼 刘哲 李守勤◎副主编

人民邮电出版社

北京

图书在版编目（CIP）数据

短视频与直播文案写作 / 张弘，李自海，魏坚 主编. -- 北京 : 人民邮电出版社，2024.4
（新媒体·新传播·新运营系列丛书）
ISBN 978-7-115-63864-9

Ⅰ. ①短… Ⅱ. ①张… ②李… ③魏… Ⅲ. ①广告文案一写作 Ⅳ. ①F713.812

中国国家版本馆CIP数据核字(2024)第046807号

内 容 提 要

在短视频与直播中，文案起着关键作用，优质的文案一句抵万句，能与用户建立情感连接，为账号带来巨大的流量，因此说文案力即销售力。本书系统地讲解了短视频与直播文案的写作方法与技巧，共分为8章，内容包括认识短视频与直播文案、短视频与直播文案写前准备、短视频与直播文案选题策划、短视频文案的写作、直播文案的写作、不同类型短视频与直播文案的写作、短视频与直播文案写作案例解析、短视频与直播文案的传播等。

本书案例丰富、注重实践，既适合作为高等院校电子商务类、新媒体类、市场营销类等专业的教学用书，也能帮助文案创作人员、新媒体运营人员提升短视频与直播文案写作能力。

◆ 主　　编　张　弘　李自海　魏　坚
副 主 编　吴　曼　刘　哲　李守勤
责任编辑　林明易
责任印制　王　郁　彭志环

◆ 人民邮电出版社出版发行　　北京市丰台区成寿寺路 11 号
邮编　100164　　电子邮件　315@ptpress.com.cn
网址　https://www.ptpress.com.cn
固安县铭成印刷有限公司印刷

◆ 开本：787×1092　1/16
印张：10.5　　　　2024 年 4 月第 1 版
字数：265 千字　　　　2025 年 3 月河北第 3 次印刷

定价：49.80 元

读者服务热线：(010)81055256　印装质量热线：(010)81055316
反盗版热线：(010)81055315

前言 FOREWORD

在数字经济新浪潮中，以短视频、直播为核心载体的内容营销贯穿在品牌营销、传播、销售与运营的各个环节。只要抓住了短视频与直播，就等于抓住了商机，而在短视频与直播中，文案起关键作用。古有“文以载道”，现有“文能载商”，在新媒体时代，文案承载并连接着商机。

党的二十大报告提出：“加快发展数字经济，促进数字经济和实体经济深度融合，打造具有国际竞争力的数字产业集群。”短视频与直播是数字经济的重要组成部分，而文案是短视频与直播的内核与灵魂。

在短视频运营中，不论是前期的脚本策划，还是后期的引流推广，都要用到文案，优质的文案可以提升短视频的播放量和点赞量；而在直播运营中，文案可以准确描述并传达产品的卖点，满足用户的需求，激发其购买欲，直接促进产品的销售。因此，越来越多的管理者、运营者开始重视文案的写作。

为了让读者更高效地掌握短视频与直播文案的写作方法并应用到实践中，本书从短视频与直播文案写前准备和选题策划，到短视频与直播文案的写作方法，再到不同类型短视频与直播文案的写作技巧，系统地介绍了短视频与直播文案的写作方法与技巧。

本书具有以下特色。

- **紧跟时代、内容详尽：**本书内容紧跟时代的发展潮流，对短视频与直播文案的写作流程和方法进行了深度诠释，帮助读者全面提升短视频与直播文案的写作能力，解决短视频与直播营销中的痛点和难点。

- **案例丰富、注重实践：**本书列举了大量精彩的实战案例，并深入解析了短视频与直播文案的写作方法，读者可以从中汲取丰富的成功经验，掌握短视频与直播文案写作的精髓。

- **资源全面、拿来即用：**本书提供了丰富的教学资源，包括PPT课件、电子教案、教学大纲、课程标准等，选书教师可以登录人邮教育社区（www.ryjiaoyu.com）下载并获取教学资源。

本书由张弘、李自海、魏坚担任主编，由吴曼、刘哲、李守勤担任副主编。尽管我们在编写过程中力求准确、完善，但书中难免有疏漏与不足之处，恳请广大读者批评指正。

编　者

2024年1月

目录
CONTENTS

第1章 认识短视频与直播文案

【知识目标】

- 了解短视频的特点、类型与发展趋势。
- 了解直播的特点、类型与发展趋势。
- 了解短视频文案的特点与主要类型。
- 了解直播文案的特点与主要类型。

【能力目标】

- 能够分辨短视频和短视频文案的各种类型。
- 能够分辨直播和直播文案的各种类型。

【素养目标】

- 构建新一代信息技术、人工智能增长引擎，建设数字强国。
- 科技是第一生产力、人才是第一资源、创新是第一动力。

移动互联网时代下的短视频与直播是两种紧密联系、备受欢迎的媒介形态，近年来几乎一直处于风口之上。短视频与直播的蓬勃发展正在改变着人们的生活、工作和娱乐方式，也对商业、政务、生产、消费和传播等领域产生了深刻的影响。而短视频与直播文案是短视频与直播的重要组成部分，在吸引用户注意力、提高观看量、增加互动量、传递信息、营造氛围等方面都发挥着重要作用。

1.1 认识短视频与直播

近年来，短视频与直播都进入了快速发展阶段，使广大用户接受到丰富的内容服务。短视频与直播都具有互动性强、贴近生活和内容多元化等特点，吸引了大量的用户群体。

1.1.1 短视频的特点与类型

在当下短视频盛行的时代，很多人会有疑问：相对于传统视频来讲，为什么短视频更能吸引用户的注意力？这就要考虑到短视频的特点了。另外，短视频的内容类型十分丰富，可以满足用户对不同内容的需求。

1. 短视频的特点

短视频具有以下特点。

（1）视频时长短

短视频是指时长在30秒到5分钟之内的视频，视频时长较短，与传统的长视频相比，更符合人们在碎片化时间观看的需求。用户可以随时随地、快速观看和欣赏短视频，因此短视频更容易吸引用户并使其产生观看的兴趣。

（2）内容多样化

短视频可以涵盖各个领域的内容，如生活日常、美食、旅游、音乐、舞蹈、搞笑、文化、科普等，用户可以根据自己的兴趣和需求选择观看某一类短视频。短视频内容的多样化不仅可以满足不同用户的观看需求，还扩大了短视频在社交平台上的传播范围。

（3）制作门槛低

与传统的视频制作过程相比，短视频的制作门槛低且更加简便，用户可以利用手机上的应用程序来拍摄和剪辑，使更多的用户可以参与短视频创作，快速创作出高质量的短视频内容。

（4）互动性强

短视频平台提供了评论、点赞、分享等互动功能，用户可以利用这些功能与短视频创作者进行互动。用户的评论、点赞、分享既可以为短视频创作者提供反馈信息，又有助于扩大短视频的传播范围，提高短视频创作者的影响力。

（5）娱乐性强

短视频通常以娱乐为主要目的，即使是专业性较强的内容类型，也会添加娱乐元素，以提升用户观看的积极性。短视频的娱乐属性使其成为用户放松和娱乐休闲的重要选择。

（6）充满新意

短视频的表达方式更加多样化，更符合当代年轻人的需求。短视频创作者可以使用充满个性和创造性的剪辑技术来制作精致和有趣的短视频，表达他们的想法。

（7）审美性强

短视频非常注重画面的美感和观赏性，短视频创作者可以借助摄影、剪辑、配乐、调色等手法，营造出独特的观看体验，使用户留下深刻的印象。这也是短视频平台在竞争激烈的视频平台中脱颖而出的重要原因。

2. 短视频的类型

短视频的类型有很多，根据内容领域分类，短视频可以分为以下类型。

 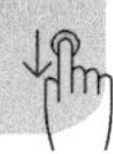

（1）搞笑类短视频

搞笑类短视频以幽默、滑稽、搞笑的内容为主，关键核心是要有有趣的故事，旨在为用户带来欢乐和笑声，该类短视频内容大多数为搞笑剧情，通过表演特定情节，添加幽默段子，结尾设置反转等方式来表现内容。

（2）艺术类短视频

艺术类短视频一般为舞蹈（见图1-1）、音乐、美术等领域的内容，主要是展示类，让用户看到令人惊艳的表演，如唱出动人的歌曲、跳一段绽放青春的舞蹈、画一幅美丽的人物肖像图等。

（3）美食类短视频

美食类短视频主要展示美味食物的制作过程和烹饪技巧，用户可以通过短视频了解各种美食的制作方法和创意点子，如图1-2所示。

图1-1　舞蹈短视频

图1-2　美食类短视频

（4）宣传类短视频

宣传类短视频主要用于品牌推广和产品宣传，通常利用吸引人的故事情节、视觉效果和音乐来吸引用户的注意力。

（5）动画类短视频

动画类短视频是指使用动画技术来创作，并通过动画形式传达信息、故事或观点，这类短视频一般会涉及多个内容领域，创意性较强。

（6）治愈类短视频

治愈类短视频一般是可爱的孩子或宠物出镜，通过展现孩子的有趣行为和表情，或者宠物的有趣行为来治愈用户的内心，使用户看到短视频后感到温暖、放松。

（7）旅游类短视频

旅游类短视频会记录和展示游客的旅游经历和目的地的风景与人文，通常利用景点介绍、风景拍摄和旅游故事来吸引用户观看，如图1-3所示。

（8）科普类短视频

科普类短视频又称教育类短视频，是通过简洁明了的方式传递知识，科普的内容可以涵盖各个领域，如科学、历史、文化、技能等。图1-4所示为科普食品储藏方法的短视频。

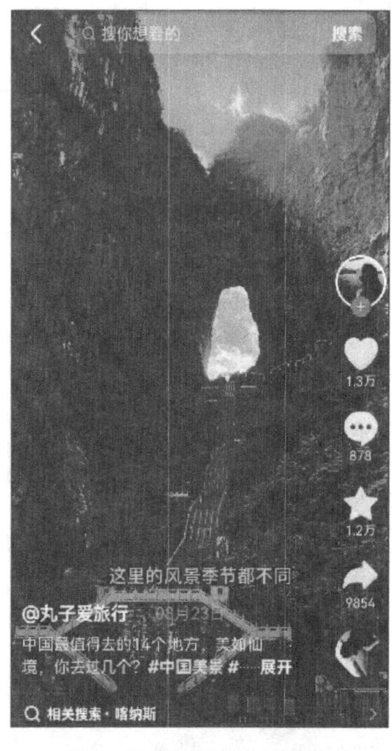

图1-3　旅游类短视频

图1-4　科普类短视频

1.1.2 短视频的发展趋势

自2016年进入“短视频元年”后，短视频的发展十分迅猛，截至2023年6月，短视频用户已达10.26亿，用户使用率为95.2%。随着技术的发展和行业的不断规范，短视频行业在未来会呈现以下趋势。

1. 充分结合AR和VR技术

未来越来越多的短视频平台会支持AR（Augemented Reality，增强现实）和VR（Virtual Reality，虚拟现实）技术，为短视频创作者提供更多的创作可能性，为用户带来更丰富的视觉体验。AR技术可以将虚拟现实与现实场景结合起来，为用户提供沉浸式体验，这将成为短视频营销的重要趋势之一，如虚拟试穿、虚拟演示等。VR技术也可以提供沉浸式体验，帮助品牌更全面地向潜在顾客展示产品或服务信息，如房屋的虚拟游览、虚拟试驾体验等。

2. AI技术的运用日益成熟

未来AI技术在短视频创作中会发挥日益重要的作用，包括图像识别、音频处理、语音合成等，从而提升短视频创作的质量。

3. 云编辑技术在团队合作中运用更广泛

云编辑技术可以使短视频的制作过程更加灵活和高效，短视频创作者可以利用云编辑

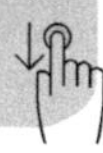

工具在线协同编辑，不受地点和时间限制，可以提高团队协作效率，并在不同设备间无缝切换和同步创作。随着云编辑技术的发展，对该技术的运用将会更加广泛。

4. 短视频观看时长将持续增长

虽然短视频的时长较短，但由于内容丰富多样、趣味性强，用户可以充分利用碎片化时间观看，再加上个性化推荐机制的推动，用户在闲余时间会花费大量时间观看短视频。统计数据显示，中国短视频用户平均每天观看时长已达到2小时，较2022年增长了近30%，未来观看时长仍将持续增长。

5. 长短视频由竞争转向合作

2022年，抖音相继与搜狐视频、爱奇艺、腾讯视频达成合作，围绕长视频内容的二次创作、长短视频联合推广等展开探索。长视频平台具备丰富的内容储备，可以为短视频的衍生创作提供原版素材，短视频也成为影视作品重要的宣传推广形式。长视频和短视频之间的合作能推动平台、用户、短视频创作者多方共赢，逐步实现产业共荣。

6. 由“流量至上”转为“内容至上”

《中国网络视听发展研究报告（2023）》数据显示，高学历、一线及新一线城市的中青年群体网络视听使用率更高，尤其是看新闻、学知识已经成为短视频用户的重要需求。

用户群体的变化给短视频创作者带来新的挑战。经过前期“野蛮生长”后，短视频的内容生态逐步进入更加严格的监管范畴，更优质的内容成为短视频行业继续稳定发展的保证。

短视频创作要坚持内容创新，尤其是加强与文化、教育、旅游等相关领域的深度融合和协同发展，才能不断满足用户对多元化优质内容的需求。

随着用户的思考深度和广度提升，以往“流量至上”的行业增长模式可能会被颠覆，转为“内容至上”，从小说、诗歌等文学作品转化而来的短视频作品将会越来越有市场。

1.1.3 直播的特点与类型

随着互联网技术的快速发展，网络直播行业在近年来呈现出爆发式的增长趋势，从直播平台的涌现，到各种直播内容的创新，网络直播逐渐成为人们生活中重要的休闲和资讯平台。

1. 直播的特点

直播具有以下特点。

（1）实时互动

直播的核心优势是实时性强，用户进入直播间可以看到实时画面，并与主播进行实时互动，这既拉近了主播与用户之间的距离，也为直播带来了更强的用户黏性。

（2）转化效率高

主播可以在直播间利用优质内容吸引用户观看，并通过打造购物场景，营造氛围来调动用户购物的积极性，从而提高成交转化的效率。

（3）时长较长

直播的时长一般在1小时以上，用户需要利用整块的时间，而且不能自由选择观看的时间，除非用户对直播很感兴趣，否则很难看完整场直播，所以直播的完播率较低。

（4）娱乐属性强

娱乐化是直播的主要特点，不管是秀场直播、游戏直播，还是电商直播，主播选择直播的内容往往带有娱乐因素，可以给用户带来快乐。

（5）内容多样化

直播平台上的内容丰富多样，既有舞蹈、唱歌、美妆、游戏，又有手工制作、美食分享等领域的内容，内容各具特色，满足了不同用户的需求。

2. 直播的类型

按照直播的内容领域进行分类，直播可以分为以下几类。

（1）娱乐直播

娱乐直播是指以搞笑、音乐、舞蹈等形式展现各种娱乐活动的直播，如主播演唱歌曲、名人演唱会直播、电影颁奖典礼直播、主播现场表演相声等。

（2）体育直播

体育直播是以各种体育比赛为主题的直播，如足球、篮球、乒乓球、网球等，这些比赛内容通常以直播的形式播出，用户可以实时欣赏精彩的比赛过程。

（3）电商直播

电商直播是以商业宣传或商品销售为主题的直播，例如，一些商家或品牌可以通过直播介绍商品，吸引用户的关注，销售商品并扩大品牌和商品的影响力。

（4）生活直播

生活直播是以日常生活为主题的直播，这类直播通常包括美食制作、健身锻炼、旅游探险、手工制作等，实时分享主播的生活经验和技能，吸引用户的关注和互动。

（5）聊天直播

聊天直播是指主播与用户互动、聊天来呈现内容的直播。进行聊天直播时，主播要选择有趣的话题，时刻保持直播间的气氛热烈，还要通过提问、做游戏、在线投票等方式与用户互动，积极回应用户的评论和问题，以增强其参与感。

1.1.4 直播的发展趋势

在当前信息技术飞速发展的时代背景下，直播已经成为十分受欢迎的娱乐和社交方式，然而随着科技进步和用户需求的多样化，直播行业也在不断改变和发展。根据现有的趋势和市场分析，直播行业未来将呈现以下几个主要发展趋势。

1. 行业垂直化

随着用户群体的细分，直播行业的垂直化趋势已经十分明显，与之前直播涵盖一系列兴趣领域相比，垂直化可以更好地满足用户对特定内容的需求，随之而来的是直播内容的日益多元化和个性化。

2. 个性定制化

未来直播行业将更注重个性化定制，根据用户的喜好和兴趣为其提供定制化的直播内容。直播平台可以通过分析用户的行为和偏好，准确把握用户的兴趣，并向其推荐合适的直播节目，从而吸引更多的用户。

3. 更加智能化

随着AI技术和大数据技术的不断进步，未来直播平台会更加智能化，可以通过自动

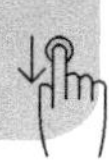

化识别、语音识别、图像处理技术和智能推荐算法，准确地分析用户需求并推荐合适的内容。另外，AI还可以利用虚拟主播技术实现24小时不间断直播，使用户可以在任意时间和地点观看到优质的直播内容。

4. 日益规范化

随着直播行业的快速发展，国家将进一步加强对直播行业的监管，完善相关法律法规和政策，这有助于规范直播行业的发展，保障用户和主播的合法权益，促进直播行业朝着健康、有序的方向发展。

1.2 认识短视频文案

短视频文案是指专门应用于短视频领域的一类文案，包括账号简介、短视频标题、短视频评论、短视频脚本等类型。优秀的短视频文案可以调动大众情绪，使信息传递更充分，从而促进短视频的传播，同时使短视频的推送更加精准。

1.2.1 短视频文案的特点

短视频文案的类型不同，其特点也不一样，但总体来说，短视频文案一般都具有以下特点。

1. 简短精练

用户在观看短视频时，对短视频内容的关注度较高，而对文字内容的耐心较低，因此短视频文案要简短精练，让信息快速被用户吸收和理解。

2. 吸引力强

短视频推广的目的是要吸引用户的注意力，激发用户的兴趣，因此短视频文案的内容也要有吸引力，用精彩的语言和有趣的话题来吸引用户的目光。

3. 便于理解

很多人观看短视频是为了娱乐身心、放松自己，接收的内容是高频的、碎片化的、海量的，而用户的耐心是有限的，所以短视频文案的内容要便于用户理解，这样短视频才更容易传播。

1.2.2 短视频文案的主要类型

按照短视频表现内容的类型来划分，短视频文案可以分为以下几类。

1. 共鸣类短视频文案

共鸣类短视频文案通过表现人物的状态，再加上情感传达来表达主题，从而引发用户的情感共鸣，激发用户参与讨论的热度，以情感共鸣潜移默化地提升短视频的流量，如图1-5所示。

2. 互动类短视频文案

互动类短视频文案通过提出问题勾起用户与短视频创作者互动的欲望，当用户想要分享答案时，会自然而然地打开评论区写下自己的想法，评论区的用户之间互相交流，会提升短视频评论区的热度，使短视频的热度提升，进而增加短视频的推荐量和播放量。

3. 叙述类短视频文案

叙述类短视频文案通过描述真实的场景，从叙事角度、时间、地点等内容背景方面探究生活，给人强烈的代入感，也容易吸引用户的关注。

4. 干货分享类短视频文案

干货分享类短视频文案主要是分享知识、日常生活小妙招等，在文案中要写出短视频中分享的内容，让看到短视频的用户产生学习的想法，如图1-6所示。

图1-5　共鸣类短视频文案

图1-6　干货分享类短视频文案

5. 悬念类短视频文案

悬念类短视频文案会在文案中留下悬念，引发用户的好奇心，促使用户产生看下去的想法，想确定短视频结尾到底如何，而且这类文案还会引起用户的讨论，增加短视频的流量。

1.3 认识直播文案

在直播中，除了主播的口才和形象，以及直播间布景，文案的质量也会对直播效果产生重要影响。因此，企业、品牌及主播要了解直播文案的特点和主要类型，从而写出合适的直播文案。

1.3.1 直播文案的特点

直播文案具有以下特点。

1. 简洁明了

直播文案一般都简洁明了，言简意赅，可以让用户快速了解直播内容和主题，在短时间内让用户对直播内容产生兴趣。

2. 与直播内容相关

直播文案与直播内容相关，紧扣主题，可以让用户快速理解直播内容和主题，同时与主播的个性和风格相符。

3. 引导性强

直播文案一般具有较强的引导性，引导用户关注直播内容，激发其观看直播及在直播间消费的欲望。

4. 实时性强

直播文案需要跟随直播进程的变化而变化，传递最新的信息和知识。用户可以在直播过程中提问并获得主播的及时回答，这种实时性提高了用户的观看体验。

5. 互动性强

直播文案中需要设置与用户进行互动的内容，以增强直播的趣味性和互动性，这可以通过回答用户问题、分享主播的个人经历和知识等方式来实现。

1.3.2 直播文案的主要类型

根据直播文案发挥作用的不同，其可以分为两大类，即直播话术文案和直播引流文案。

1. 直播话术文案

影响直播间卖货成交额的因素有很多，除了商品的性价比、主播的表现力和流量采买，还有一个很重要的因素，那就是主播的直播话术，即主播是否能够恰当表达自己的所思所想。据研究数据表明，在所有成交要素中，语言表达技巧占比可以达到40%，所以主播必须会写直播话术文案。

以电商直播为例，一场直播活动包含开场话术、互动话术、商品讲解话术、成交话术、结束话术等，主播要在直播前做好准备，提前写好相应的话术文案，以帮助自己开展直播工作。

2. 直播引流文案

直播引流文案是指用于为直播间引流、吸引更多用户的文案。按照引流的阶段不同，直播引流文案可以分为直播前引流文案、直播中引流文案和直播后引流文案。

直播前引流文案一般是预热文案，直播团队会通过多种渠道预热直播，如微博、微信公众号、短视频平台、直播账号信息设置等。

直播中引流文案一般是进行发红包、发优惠券、抽奖、促销等活动时的互动型文案，通过互动引导用户分享直播间，引导新进入直播间的用户关注直播间。

直播后引流文案一般是宣传该场直播中的精彩片段，激发用户的观看兴趣，为下场直播预热。

实训案例

阅读如图1-7所示的3张短视频画面图片，分别说出图中短视频的特点和类型，以及短视频文案的特点和类型。

图1-7 短视频画面

课后思考

1. 简述短视频文案和直播文案的特点。
2. 简述短视频文案的主要类型。
3. 简述直播文案的主要类型。

第2章 短视频与直播文案写前准备

【知识目标】

- 掌握市场环境分析、市场热点分析和竞争对手分析的方法。
- 掌握目标用户分析、自身定位分析和自身价值分析的方法 。
- 了解用户需求的类型和马斯洛需求层次理论。
- 掌握短视频和直播文案的形式与风格。

【能力目标】

- 能够进行市场环境、市场热点和竞争对手分析。
- 能够构建用户画像并进行用户分析。
- 能够做好自身定位，明确自身价值。
- 能够发现和挖掘用户需求。

【素养目标】

- 完善公平竞争制度，坚持高质量发展。
- 争做有为青年，实现自我价值。

运营者在做短视频和直播运营时必须先进行定位，以此来明确创作的方向，定位准确的目标用户群体。要想准确定位，市场分析是不可或缺的一步，它能帮助运营者了解市场状况，发现商机，从而更有效地找到优秀的选题。而在构思文案时，最重要的环节就是发现和挖掘用户需求，并以用户需求为出发点写作文案，选择合适的文案形式和文案风格。

2.1 市场分析

市场分析的目的是分析环境、竞品和用户，从中寻找和研究潜在需求，然后帮助企业或品牌更好地构思和规划产品定位并制定营销策略，从而提升产品的市场价值。

2.1.1 市场环境分析

市场环境包括宏观环境和微观环境两个部分，两者共同构成一个大系统，且相互配合才能产生系统效应。在进行市场环境分析时，也要从宏观环境和微观环境两个方面来进行。

1. 宏观环境

由于宏观环境对企业经营起根本性、决定性的作用，而且影响和制约微观环境的各个因素，并通过对微观环境的作用来影响和制约企业的经营活动，所以做市场环境分析一般要先分析市场的宏观环境。

宏观环境包括6个因素，如表2-1所示。

表2-1 宏观环境的因素及具体说明

宏观环境的因素	具体说明
人口环境	人口环境的基本状况包括人口规模、人口构成、人口地理分布、人口密度等，它决定市场的潜在容量，会对市场需求格局产生影响
经济环境	经济环境主要是指社会购买力、人均收入、可自由支配收入、通货膨胀因素、经济周期、城乡差别、收入分布等，它会直接影响当前的市场容量
社会文化环境	社会文化环境主要是指国家或地区的民族特征、价值观念、生活方式、风俗习惯、伦理道德、教育水平、语言文字等。社会文化环境会对人们的欲望和行为产生潜移默化的影响，一经形成便持久存在
政治法律环境	政治环境是指企业市场营销的外部政治形势，安定团结的政治局面有利于经济的发展，还能增强消费者对未来收入增长的预期； 法律环境是指国家或地方政府颁布的各项法律、法规、法令和条例等。企业一方面要严格依法经营，另一方面也可以运用法律手段来保障自身的权益。法律环境能够调节市场供求关系的形成和实现
科学技术环境	科学技术是社会生产力中最活跃的因素，其对经济发展有巨大的影响。科学技术环境不仅直接影响企业内部的生产和经营，还与其他环境因素互相依赖、互相作用，会给企业营销活动带来重要的影响
自然环境	自然环境是指企业经营所需要的自然条件和物质基础设施，自然条件中凡是可供人类利用的物质与能量又可称为自然资源

2. 微观环境

微观环境主要包括企业内部环境、供应商、商业中介组织、顾客或用户、竞争对手、社会公众等，如表2-2所示。

表2-2　微观环境的因素及具体说明

微观环境的因素	具体说明
企业内部环境	企业内部环境包括研究与开发、生产、采购、财务、人事、行政及企业领导办公室等部门，企业主要依靠上述部门的支持和配合进行营销活动，所以协调营销部门与其他职能部门的关系是优化企业内部环境的基本要求
供应商	供应商是指向企业提供生产产品所需资源的企业或个人。供应商提供原材料、设备、能源、劳务、资金等，所提供资源的质量、价格和供应量将直接影响企业产品的质量、价格和销售利润
商业中介组织	企业向顾客或用户提供产品或服务，一般离不开商业中介组织的转售、促销和提供的服务，商业中介组织提供的服务主要有储存、保险、运输、广告、咨询等
顾客或用户	顾客或用户被称为目标市场，企业要充分而深入地了解顾客或用户，让其感到满意，这是企业生存和发展的基础
竞争对手	同一消费需求存在若干属性相同、略有差别的产品或服务，所以企业在市场上必然会面临竞争对手，在消费需求和其他环境状态既定的情况下，企业与竞争对手的相对地位和能力直接关系企业的营销效果，因此企业要十分重视对竞争对手的分析
社会公众	社会公众一般包括社区、团体（主要是非营利性社会团体）、政府、媒体及无组织状态的外部公众等。企业应采取有力措施，保持与社会公众之间的良好关系

2.1.2　市场热点分析

在写作短视频和直播文案前，进行市场热点分析是至关重要的一步。市场热点分析可以分为以下几步。

（1）确定目标用户

企业首先要明确目标用户，因为不同的目标用户会对不同的热点话题感兴趣，所以了解目标用户可以帮助企业更好地确定他们需要重点关注的市场热点。

（2）监测趋势

企业可以利用各种工具和平台（如微博、抖音、快手等）监测正在流行的趋势和热点话题，了解当前热门的短视频和直播内容与主题，帮助企业找到潜在的热点话题和创作灵感。

（3）分析竞争对手

研究竞争对手发布的短视频和直播的内容和文案，分析他们讨论的热点话题，看哪些热点话题引起了用户的共鸣，这种方法可以帮助企业发现潜在的热点，从而优化自己的短视频和直播文案。

（4）确定热点主题

根据上述步骤，企业可以总结和分析出一些潜在的热点主题，这些主题要与品牌或产品有关，并能够吸引目标用户。

总之，市场热点分析可以帮助企业更好地了解用户的需求和兴趣，找到潜在的热点话题，写出更具吸引力的短视频文案和直播文案，同时融入热点元素，吸引用户的注意，提高短视频和直播的观看量。

2.1.3　竞争对手分析

竞争对手分析可以为企业提供以下帮助：了解市场定位和竞争环境，发现市场机会和优势，了解市场威胁与挑战，指导战略制定与决策，提高决策的准确性和成功率。有效的竞争对手分析可以帮助企业在竞争激烈的商业环境中脱颖而出，实现持续的业务增长。

竞争对手分析一般包括以下几点。

1. 识别竞争对手

企业要从本行业、市场和消费者需要等角度来识别竞争对手。

企业要从本行业的角度来识别竞争对手，由于同一行业企业的产品存在相似性和可替代性，因而企业间存在竞争关系。如果一种产品的价格发生变化，就会引起相关产品的需求量发生变化。因此，企业要全面、透彻地了解本行业的竞争状况，从而制定出该企业在本行业中的竞争策略和营销目标。

企业也要从市场和消费者需要的角度来识别竞争对手。即使不属于同一行业，某企业只要满足相同的市场需要或服务于同一目标市场，也可能是潜在的竞争对手。从这个角度来分析，企业可以更广泛地认识到潜在竞争者和现实竞争者。

2. 对竞争对手展开调研

对竞争对手展开调研主要从以下几个方面来进行。

- **产品**：从横向和纵向角度来判断竞争对手的产品在市场中的地位，分析产品的适销性和所占的市场份额。
- **销售**：分析竞争对手的销售情况，如销售渠道和效率等，以此推测其销售能力。
- **市场营销**：分析竞争对手的产品组合营销水平和新产品开发能力等。
- **资金**：分析竞争对手的资金结构、融资能力、现金流量和资金比率，以此判断对方的财务管理能力。
- **组织管理**：竞争对手的企业组织管理能力可以体现在组织人员的素质、传递消息的效率、对价值观和策略的一致性，以及企业领导者的管理能力、制定管理决策的专业性等。

3. 分析竞争对手的策略

分析竞争对手的策略一般包括分析竞争对手的市场目标和竞争对手的营销策略两个方面，主要涉及价格分析、产品分析、销售渠道分析、推广形式及渠道分析、促销及优惠措施分析、销售团队及客户服务体系竞争分析等。

4. 分析竞争对手的短视频与直播账号

企业可以对同领域的企业或品牌进行调研，了解其短视频与直播账号的粉丝画像，如性别、年龄、身份、兴趣等，将其内容类型、播放数据、用户互动等进行分类，再反推用户偏好。同时，企业还可以搜集并研究竞争对手的选题，进行整合分析，从而获得灵感和思路，拓宽选题范围。

企业还可以进入第三方数据分析平台获取竞争对手的账号数据，如粉丝量、点赞量、评论量和转发量等。

2.2 方向定位

内容运营需要确立两大方向，一是用户需求，二是自身专业度，只有这两个方向相一

致时，整体的运营方向才不会偏。因此，运营者要进行目标用户分析、自身定位分析和自身价值分析。

2.2.1 目标用户分析

短视频创作者和主播要深入目标用户群体进行调研，了解其具体需求，进行用户画像分析，在此基础上才能抓住其需求痛点，在设计短视频内容或直播内容时提出相应的解决方案，解决其需求痛点，进而吸引目标用户群体，快速占领用户心智。用户画像是目标用户分析的重要环节。

用户画像是收集与分析用户的社会属性、行为习惯、偏好等主要信息后，对其进行标签化和结构化处理，形成不同的特征用户群，间接地发现用户的结构变动和信息需求变动，进而勾勒出一个用户群体的整体特征与轮廓的过程。短视频创作者和主播可以根据用户画像提炼用户的短视频和直播观看习惯与偏好，并根据其习惯与偏好有针对性地创作能够满足用户需求的内容，进而提高短视频和直播的观看量与互动量。

从技术角度来看，基于大数据平台的用户画像的构建与分析大致分为以下3步。

1. 采集和清理数据

用户画像的构建离不开大数据的支持，积累用户数据是构建用户画像的基础。构建用户画像需要的数据包括用户属性数据、用户行为数据、用户偏好数据、用户消费数据等，在短视频与直播领域，这些数据主要包括如表2-3所示的内容。

表2-3　构建用户画像需要的数据及具体内容

构建用户画像需要的数据	具体内容
用户属性数据	用户的人口属性：性别、年龄、地域等； 用户的社会属性：学历、职业、收入等； 用户的生活属性：生活习惯、娱乐偏好、社交方式等； 用户的心理特征属性：个性特征、价值观、信仰等
用户行为数据	访问设备、访问页面、访问次数、访问时段与频次、页面停留时间、浏览路径等
用户偏好数据	登录方式、浏览/收藏内容、评论/互动内容、用户生活形态偏好和品牌偏好等
用户消费数据	用户规模数据：消费金额、消费次数、单次消费的用户数量等； 用户黏性数据：用户购买周期、复购率等

短视频创作者和主播可以收集以上基础数据信息，并利用这些基础数据推测未知的数据，从而更有效地对用户进行有针对性的运营。

2. 为用户制定标签

用户信息的标签化是用户画像最核心的部分。用户信息的标签化是指为用户制定标签，具体来说，就是从用户信息中提取可以浓缩精练、概括用户特征或属性的一系列词汇，并基于原始数据进行统计、分析与预测，利用文本挖掘、自然语言处理、机器学习和聚类算法等大数据技术，将具有一定属性和特征的用户归为一类，对这些用户的数据进行分析，多维度地构建与用户相关的描述性标签，以利于短视频或直播平台对数据信息进行权重分析。

从数据提取维度来看，用户标签可以分为3类，如表2-4所示。

表2-4 用户标签

用户标签的类型	具体说明
事实标签	事实标签是指直接从原始数据中提取的标签，如性别、年龄、住址、职业等
模型标签	模型标签是指对用户属性及行为数据的抽象和聚类，剖析用户基础数据，并为用户贴上相应的总结概括性标签和指数，标签代表用户的兴趣、偏好、需求等，指数代表用户的兴趣程度、需求程度和购买概率等
预测标签	预测标签是指根据已有的事实数据和模型数据来预测用户在未来的行为或偏好，以挖掘用户的潜在需求

3. 构建用户画像模型

在为用户制定标签后，短视频创作者和主播即可构建用户画像的模型，把具有共同行为特点、同一消费层次的用户划为同一类别，形成不同的特征用户群体，划分为核心用户、忠实用户、普通用户和潜在用户等类型，对这些用户进行分级管理，从而为用户提供有针对性的服务。

一般来说，用户画像包括基本属性、购买能力、行为特征、社交网络、心理特征、兴趣爱好等6个维度。

2.2.2 自身定位分析

做好自身定位，也就是做好人设（即人物设定），指运营者利用短视频或直播的出镜人物塑造的典型形象及个性特征。一个成功的人设可以在用户心中留下深刻的印象，使用户通过某些标签快速地想到特定的短视频或直播中的出镜人物。

在做自身定位分析时，运营者要重点考虑以下几个方面。

1. 明确细分领域

运营者要明确细分领域，找到适合自己的发展方向，首先要分析自己的天赋和才华，确定自己可以施展天赋和才华的领域，这样成功的可能性更大；其次分析自己在哪个领域积累了足够多的经验和专业知识，水平已经很高并以此为创作方向；最后找到内容中的闪光点和与众不同的选题角度，并沿着该方向坚持下去。

运营者还可以针对行业内竞争对手和目标用户的需求进行分析，以此来确定最适合自己的细分领域，最大化地展现自身优势，扩大自己的影响力。

2. 明确人设定位

在明确人设定位时，运营者可以从以下5个维度来进行。

- **确定自己的身份：** 运营者要确定自己的身份，如发起人、创始人、传播者等。
- **确定目标用户：** 运营者要确定目标用户的地域、年龄、性格、偏好、收入状况、消费能力等。
- **确定自身价值：** 突出自己的核心竞争力，如知识储量丰富，提供的产品质优价廉等。
- **所在的运营平台：** 电商类平台有淘宝、京东、拼多多等，短视频类平台有抖音、快手等，线下类平台有供应链基地、实体店等。

- **解决问题的类型**：明确自己可以为用户解决的问题，如解决用户痛点，提供品质好货等。

3. 拟订账号名称

拟订一个合适的名称可以帮助运营者的账号获得更多用户的关注。运营者的短视频账号的名称和直播账号的名称都要简短易懂，不存在歧义，同时要与自己所在的垂直细分领域密切相关，从而吸引一批对该领域内容感兴趣的用户。

4. 确定自身形象

不管是在短视频中还是直播中，出镜人物的形象都会影响用户的关注度。出镜人物要在出镜之前打理好发型和服装，在镜头中充分展现自己的良好形象和优雅的言谈举止。出镜人物的形象还要符合短视频和直播账号的定位，确保风格一致。

要想长远发展，运营者要在短视频和直播中输出正确的价值观，为网络带来正能量，如果运营者输出了错误的价值观或展现了负面形象，就会受到用户的抵制，甚至被平台封禁。

5. 多渠道宣传人设

运营者要在多个渠道全面宣传自己的人设，积累一定数量的粉丝，可以用于宣传的渠道包括微信公众号、微博、抖音、快手、视频号等，运营者要在这些平台上发布视频和文案，吸引这些平台的用户关注。

6. 打造IP

打造优秀的个人IP（Intellectual Property，知识产权）是一个循序渐进的过程，需要在内容符合人设的基础上，不断输出优质内容。运营者要确定创作内容的核心，将这种核心做到极致，并注重价值输出，持续产生内容消费价值和社会价值。

2.2.3 自身价值分析

在做自身价值分析时，运营者要重点考虑以下几个方面。

1. 确定内容方向

很多运营者在最初创作时找不到自己擅长的领域，以为什么领域都可以尝试，但事实上这样非但不能吸引用户的注意，反而会降低平台对短视频作品和直播间的推荐量。运营者可以想一想自己在哪些方面得到了别人的称赞，对哪些领域特别感兴趣，然后专注于该领域进行内容创作。

2. 传递何种价值

在明确内容方向后，运营者接下来就要思考传递何种价值，短视频和直播的内容要体现运营者的价值理念，以有效打动用户，使其产生共鸣并主动传播，进而提高短视频的播放量和直播间的人气。

3. 如何实现价值

关于如何实现价值，运营者要做的是选择内容的表现形式。在短视频平台上，运营者可以选择真人出镜、动画形象，或者以解说评论、街头采访等形式诠释主题，并在确定某种形式和风格后长期坚持下去。在直播平台上，运营者可以介绍产品，与用户互动聊天，为用户解答疑问，为用户表演，为用户提供娱乐型的内容等。

2.3 文案构思

在互联网时代，各种形式的宣传方式不断涌现，但很多人会有这样的疑问："为什么我绞尽脑汁想出来的文案仍然没有任何效果？""酒香也怕巷子深"，即使是再好的产品，如果没有良好的宣传方法，也只能被埋没。因此，运营者在构思文案时要遵循文案写作的3个原则，即产品相关性、直白阐明、以用户为中心。

2.3.1 发现用户需求

在构思文案的过程中，运营者首先要发现用户需求，这是驱使用户观看短视频、直播和购买产品或服务的原动力。

用户需求可以分为3类，分别是基本需求、痛点需求和利益需求。

- **基本需求：**指用户在生活和工作中正在或需要完成的事项，包括待完成的任务、需要解决的问题等。基本需求有3种类型：社会性需求（如管理者希望提升管理能力）、情感性需求（如提升职业技能，获得安全感）、支持性需求（如商家希望获得好评）。
- **痛点需求：**指对用户的生活或工作造成障碍，而急需被解决的需求。
- **利益需求：**指用户收获的功能效用、社会效益、积极情绪和节省的成本。要想让提供的利益使用户感到惊讶，利益描述得越具体，就越具有需求价值。

发现用户需求后，运营者还要对需求价值进行评估。需求价值包括需求刚性、需求频次和满足该需求的市场规模大小。在评估需求价值时，运营者要结合场景将尽可能多的需求罗列出来，按照用户感知的重要程度、痛点的严重程度、达成收益的期待程度进行分级排序。

以等电梯的场景为例，人们等电梯的时间一般为1～2分钟，在这个时间段内做很多事情都会觉得时间不够，但如果无事可做而电梯迟迟不来，又特别无聊，让人焦虑，在人多的时候眼神聚焦的位置也很难选择。分众传媒发现了这一现象，于是在电梯门口挂上一块广告屏，让大家在等待的时候看广告。这就是发现了"等电梯很无聊"这个场景背后的需求价值：从需求刚性角度来说，在无聊的时间有内容看就好，至于看什么，因为时间短，所以大家一般不会计较；从需求频次的角度来看，都市人群每日坐电梯的频次很高；从满足该需求的市场规模大小来看，中国电梯数量近千万台，每天乘坐电梯的人次达几亿规模。因此，这是一个有巨大商业价值的需求。

分众传媒成功以后，很多公司纷纷模仿。例如，在出租车内、洗手间内、医院候诊室等地方装上广告屏，但效果并不如电梯广告，这主要是因为不同场景导致的需求价值不同。

总之，生活的难点背后往往隐藏着商业机会，因为生活的难点意味着用户的某项需求未得到满足，所以这个需求背后就隐藏着商业机会。

2.3.2 挖掘用户需求

在实际的需求分析中，运营者往往会遇到各种错综复杂的情况，其中大部分来源于用户的不确定因素。因此，运营者要想写出优秀的文案，必定离不开对用户需求的揣摩和理解。有的需求是表象，很容易被发现，但容易被发现的需求往往已经是红海市场；有的需求隐藏较深，需要认真观察生活，在生活中找到隐性需求的外在表现。

马斯洛需求层次理论在某些程度上可以为运营者提供一些挖掘需求的方向。运营者首先要识别某个需求处于哪个层次，然后深入挖掘用户的需求动机，最后利用文案的内容来满足用户的需求。

在马斯洛看来，人的需求分为低层次需求和高层次需求，当人们基本满足低层次需求后，这些低层次需求的激励作用就会逐渐降低，人们继而产生高层次需求，此时高层次需求会比低层次需求具有更大的价值。

马斯洛将人类的需求分为5个层次，分别是生理需求、安全需求、社交需求、尊重需求和自我实现需求。

1. 生理需求

生理需求是指维持人生存的最基本的需要，是促使人行动的最强大的动力，也是其他需求产生的基础。例如，人在饥饿时就会产生饮食需求，想尽快获得食物，美团、饿了么等外卖平台就是基于这一需求而诞生和发展起来的。短视频文案“把方便面放锅里蒸一蒸，出锅就成了一道特色小吃，吃一口念念不忘”满足的就是用户的饮食需求。

2. 安全需求

安全需求是指保障自身和资源的安全，免除恐惧、威胁和痛苦的需求，主要包括身体健康、人身安全、职业稳定、收入有保障、财产保险、年老后的生活保证等。某条短视频讲解了一些求救信号，向人们普及了安全教育，而短视频的标题“99%的人不知道的求救信号！赶紧点赞收藏！”则很好地击中了人们对安全的需求心理。

3. 社交需求

社交需求也叫归属和爱的需求，当生理需求和安全需求基本满足以后，社交需求就成为人们的强烈动机，希望和人保持友谊，希望得到信任和友爱，渴望有所归属，成为群体的一员，这就是人的归属感。在写文案时，文案内容要增强人与人之间的情感联系，争取在某些方面与用户产生情感共鸣，进而让用户感受到爱并产生归属感。“10万网友打出9分的心理学好书，你一定也要看看”，这则文案利用了用户的从众心理，其实质上是满足了用户的社交需求，用户通过阅读这本书，也可以和好友讨论、交流，凸显自己合群的特质。

4. 尊重需求

尊重需求又可分为内部尊重和外部尊重。内部尊重就是人的自尊，是指一个人希望在各种不同情境中有实力、能胜任、充满信心、能独立自主。外部尊重是指人都希望自己有稳定的社会地位，要求个人的能力和成就得到社会的承认，希望有地位、有威信，受到别人的尊重、信赖和高度评价。

马斯洛认为，尊重需求得到满足，能使人对自己充满信心，对社会充满希望，体验到自己活着的用处和价值。某短视频向人们展示了少年穿某品牌运动鞋跳舞的青春活力，其文案“快乐就是这么简单，没人能阻挡你，因为你是追风少年”就体现了少年追求快乐、充满自信的尊重需求。

5. 自我实现需求

自我实现需求是指人希望最大限度地发挥自身潜能，不断完善自己，从而实现自身价值的需求。当自身价值得以实现后，人们一般会出现短暂的“高峰体验”。这种体验通常要在完成一件具有挑战性的事情后才能拥有。“一个人为什么要读书？这是我见过最好的答案。”这则短视频文案体现的是读书对人生的意义，实现精神富足和个人成长，满足的是人的自我实现需求。

处于不同层次的需求，其关注的核心有很大差异，需求层次越低，对效率和成本的要求就越高，更喜欢看得见、摸得到的有触感的产品；需求层次越高，对体验的要求越高，对精神产品和虚拟产品的需求就越大。

2.3.3 选择文案形式

在发现并挖掘出目标用户的需求后，运营者要合理选择短视频文案和直播文案的形式，在短视频文案和直播文案中充分展现对用户需求的满足。

企业应根据自己的实际情况选择合适的短视频文案和直播文案形式。从文案营销作用的角度来分类，短视频文案和直播文案的形式可以分为以下几类。

1. 推广类文案

推广类文案可以为企业或品牌起到不错的宣传推广作用，为商家带来比较可观的流量。很多短视频文案不仅对产品进行了充分说明，还提供了产品的购买链接，以此来提升产品的销售量。

2. 公众类文案

公众类文案是有助于企业处理内外公共关系，以及向公众传达企业各类信息的文案，这类文案有助于企业塑造良好形象，培养良好的公众关系。

3. 品牌力文案

品牌力文案是指有助于品牌建设、累积品牌资产的文案，可以提升品牌的知名度、美誉度和用户忠诚度。一个品牌的传播离不开其品牌价值，而讲故事是传达品牌价值的重要方式，因此运营者要学会利用品牌故事来传播品牌，传递品牌价值。

2.3.4 选择文案风格

不管是短视频文案还是直播文案，运营者都要选择合适的文案风格。运营者可以根据产品的类型和气质选择相应的文案风格。

1. 激情体

激情体的文案一般用在汽车、运动饮料、运动服装等产品品类上。激情体是将品牌或产品中原本具备的那股豪情与豪迈的气质通过文字表达出来，在选词上可以大胆一些，尽可能使用一些情绪充沛的词语。激情体会将一些长句切分、停顿，变为多个短句或词组，制造出语言上的节奏感。

例如，比亚迪品牌文案中提到："70年，我们的故事各不相同，但方向又如此相通。从源头的第一滴水开始，在艰难中涌出山缝，聚流成溪；在险峻中穿出山谷，交融成川。奔流于每寸热土，挺立于新能源潮头之上，从一滴水到一方水土，这个名字不断交织，不断壮大，越过汹涌的巨浪，迎向更辽阔的大海。在那里，我们不分你我；在那里，我们乘风破浪，打破旧的格局，踏出新的长空，成就世界级品牌。"比亚迪的这则短视频文案以豪迈的气势表达了成就世界级汽车品牌的雄心壮志，给人以力量。

2. 冷淡体

冷淡体的文案一般用在数码科技、服装等产品品类上。冷淡体的文案节奏比较缓慢，句子中甚至去掉了形容词，只保留了动词、名词和助词，这种文案的内敛气质有一个好

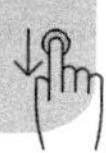

处，那就是不会有过多的信息来干扰阅读，也不鼓吹过度消费，而是用简洁、朴素的生活理念打动用户。

例如，某品牌在推广其防风晾衣架时，其短视频文案为："在阳台，它是防风晾衣架，独特角形挂钩不会让风偷走你的衬衫，不会让你的T恤躺在围墙变成招领失物。在衣柜，它是轻巧的六连式衣架，直式横式都能便利收纳，适当的间隔让每件衣服井然有序，而且不会拉扯衣领。"

3. 生活体

生活体是指模仿生活中的真实对话，风格很接地气的文案风格，一般用于日用品、家居等产品品类上。运营者使用亲切的口语化文字，如同邻里之间的闲谈、老朋友语重心长的劝慰，可以很快拉近品牌与用户之间的距离。

例如，顾家家居在短视频文案中表达家对人的支撑感。品牌从微小视角出发，讨论人与家的关系，为顾家家居找到和用户建立情感连接的新角度，即做你生活的小小支点。其短视频文案为："别总撑着了，也试试躺着、靠着、趴着。总在赶时间的你，可以坐这儿，等等时间。紧绷的人，躺着躺着就舒展了；累了一天的人，可以借你靠一靠。生活总有一些重量，但也总有一个能接住你的地方。生活，是有些重量的吧，但还好，累了，它托着；困了，它伴着；吃饱了，有它撑着；乏了，就被它拥着。只管加油吧，让它垫着；出发吧，它给你扶着；孤单时，它紧紧贴着。生活总有一些重量，但总有一个能接住你的地方，兜住你的疲惫，宠着你的任性，载着你的思念，抚慰你的悲欢。"

4. 文艺体

文艺体是一种文艺气息浓厚的文案风格，经常采用的句式和节奏类似于诗歌分行，中间会夹杂、糅合一些专业术语或冷门的文化名词，以提升品牌独特的气质，常用于服装、书店、电器等产品类目。

例如，某服装品牌在短视频文案中以极具文艺范的语言传达了自己的品牌态度："旅行的尽头，那里什么都没有，空空荡荡，像你自己也不存在，像寂寞在唱歌。一次又一次的旅行，像一次又一次的探望。在草地和天空之间，灌满风的语言。自由的意志，是一个背包就装得下的一场远行，是山涧里的一阵清风。做一件风衣，为秋天送信。用空调衫，隔绝没有分寸感的冷气。初秋，本就是和夏天暧昧不清的关系。和任何一种生活，摩擦久了都会起球。觉得自己会重要起来，就是这样一件风衣。来条有廓形的裤子，也是松下来的一种方式。很大的口袋，装得下春天里的所有期待。"

5. 幽默体

幽默体可以应用在大部分产品品类上，在逗人一乐的同时，可以让人欣然接受文案所要传达的信息。幽默体通过对语言的逻辑性进行适当调控，让用户转变原有的认知，进一步激发用户产生共鸣。

例如，某快餐品牌为了推广新品现磨冰咖啡，在发布的视频广告中邀请著名歌手薛××出镜，以一头长发和生动的表情演绎人生的感悟，并表达出人生态度"人生虽冷，但也要乐在其中"，其文案为："暴风雨之后，不仅没看到彩虹，还感冒了！人生是个冷笑话。"

6. 庄重体

庄重体是指结构比较严谨端正，又不失可读性的文案风格。由于某些企业或行业的特质，所以其文案风格不能过于随意，要保持稳重大方才能获得用户信赖，这类文案风格常用于大型集团、银行、国企等机构单位。这些机构单位的品牌故事、企业文化等宣传资料都需要这类文案风格。庄重体不但要稳重，还要耐人寻味，可以彰显品牌的个性与气质，不能忽视文案的可读性和传播力。

例如，某银行30周年宣传片中的文案为：“这个颜色，曾经让很多人心动。不光是因为温暖，不光是因为纯正，不光是因为财富，也不光是因为青春时尚，而是因为他总能点亮你对生活的无限遐想。他，就是××红，不一样的红。红是纯心，是执着。30年前，我们在时代浪潮中应时而生，我们用微笑拉近彼此，用细心诠释服务，用科技重构边界，成就了一家有温度的银行。”

实训案例

请观察下列图片，说出图2-1所示的短视频文案属于什么类型，采用的是什么文案形式和文案风格，并根据自己感兴趣的领域进行目标用户分析和自身定位分析，找到该领域下的用户需求，进而写作相应的短视频文案和直播文案。

图2-1　短视频文案

课后思考

1. 在明确自身定位时，运营者要从哪些维度来进行？
2. 在挖掘用户需求时，可将用户需求划分为哪些层次？
3. 从文案营销作用的角度来分类，短视频文案和直播文案的形式有哪些类型？

第3章 短视频与直播文案选题策划

【知识目标】

- 掌握阅读书籍的方法。
- 掌握收集热门话题的渠道和收集网络素材的方法。
- 掌握文案选题的基本要求。
- 掌握策划文案选题、选题扩展与细化的方法。
- 掌握常用的文案创意思维方法。

【能力目标】

- 能够从各种渠道收集热门话题。
- 能够运用各种方式收集网络素材。
- 能够进行文案选题策划。
- 能够运用各种文案创意思维方法构思文案。

【素养目标】

- 坚持“以人为本”的理念，以用户为中心，设身处地为用户考虑。
- 增强问题意识，聚焦实践中遇到的新问题，提出解决问题的新思路。

选择一个好的短视频和直播选题，文案写作就成功了一半。只要选题策划得好，即使在拍摄、剪辑、直播话术等方面没有多么的细致，都有可能吸引巨大的流量。因此，在选题上多下功夫是写作短视频和直播文案的关键。

3.1 积累写作素材

积累写作素材的能力是一项性价比较高的能力，一是它能被更好地掌握，不像拟订标题、做选题那样需要千锤百炼才能精通，二是因为优质、恰当、新鲜、精彩的素材可以快速提升文案的精彩程度。积累写作素材的方式主要有阅读书籍、收集热门话题、收集网络素材等。

3.1.1 阅读书籍

阅读书籍不仅可以增长知识，提升个人的内涵修养，还可以为文案写作扩充素材库。书籍作为重要的素材搜索渠道，主要有以下3个优势。

一是搜索效率高，每一本书都有一个对应的主题，在确定自己的文案主题后，创作者可以在同一主题的书籍中搜索相关素材，这样搜索十分精准，效率很高。

二是书籍中的素材稀缺性较高，因为书籍的版权保护更好，很多书籍中的素材在网上搜索不到，如果能使用这些素材，与其他文案相比，自身的竞争力就会高得多，因为稀缺就是价值。

三是素材质量更高，由于书籍出版需要经过“三审三校”，对内容质量的要求较高，所以从书籍中搜索到的素材质量比其他渠道搜索到的素材质量要高。

书籍中的知识丰富而繁杂，如果只是翻看一遍，记忆就不会太深刻，当以后想要应用这些知识时，可能就会无从下手，因此创作者要学会做读书笔记来强化记忆，将素材落实到文字上。

读书笔记可以用手写形式，将重要内容、案例或金句摘抄到记事本上，以便日后重复阅读和思考；也可以使用印象笔记、有道云笔记等笔记软件，除了摘抄重要内容，还能将不同内容整合到同一个关键词，为同一选题做不同角度的素材积累。创作者还能以关键词为中心制作思维导图，进行发散思考，结合摘抄的重要内容输出观点，形成文案。

3.1.2 收集热门话题

热门话题是指在社会和网络平台上获得公众广泛关注的话题，有突发热点事件、重大节日节点、公众普遍关心的事项议题等。热门话题可以吸引大众的注意力，引发热议和讨论。

在收集热门话题时，创作者可以从以下渠道进行收集。

1. 社交媒体平台

创作者可以关注社交媒体平台上的热门话题，尤其是微博、抖音、知乎等，查看热门话题的讨论量和分享量，找到自己所属领域当前受关注度较高的话题，如微博热搜、微博热议话题（见图3-1）、微博实况热聊（见图3-2）、抖音热榜、知乎热榜等。其中，微博实况热聊主要讨论的是热门影视剧、热门综艺、热门体育赛事等。

2. 搜索引擎平台

创作者可以使用搜索引擎（如百度热搜）的相关关键词，了解当前热门搜索的话题，观察关键词的搜索量和排名情况，找到热门话题并据此创作。

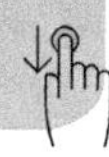

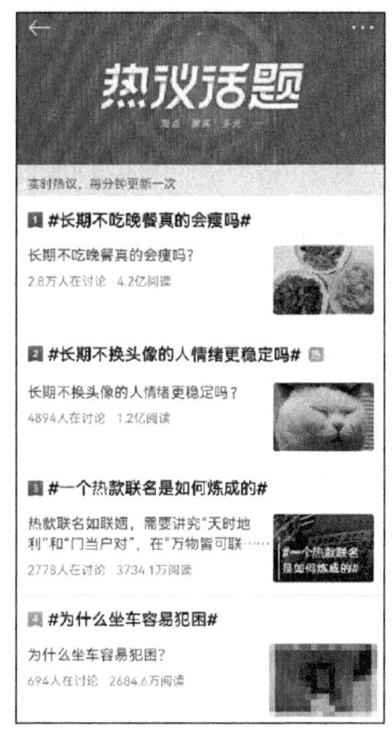

图3-1 微博热议话题

图3-2 微博实况热聊

3. 指数平台

指数平台是指基于平台内的用户行为数据生成可视化数据的数据分享平台，有百度指数、微信指数、微指数（微博平台的数据分析工具）等。例如，创作者可以在百度指数平台添加运动、美食等关键词，查看这些关键词的搜索趋势（见图3-3）、需求图谱和人群画像。

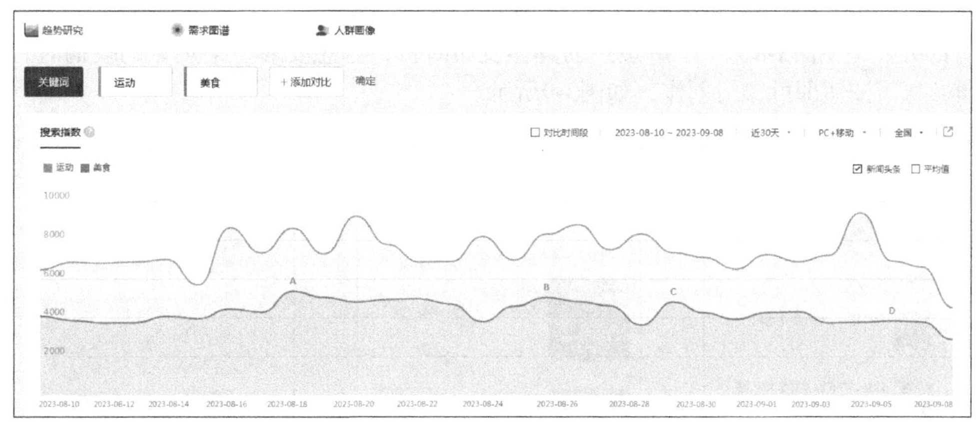

图3-3 百度指数的关键词搜索趋势

由于从选题策划到创作直至发布，至少需要几个小时甚至半天的时间，因此要利用热点趋势图判断当前热点是否还值得跟，如果趋势上升，就应该立即创作；如果趋势下降，就要考虑是否需要更换热点方向。

4. 平台的“创作灵感”工具

短视频平台一般会有帮助创作者寻找选题的工具，如抖音的“创作灵感”（见图3-4）、快手的“热点宝”等。

抖音的“创作灵感”中的创作热点包括热点榜单、热门话题、热门视频等，创作者可以点击“热门话题”，选择“热度飙升榜单”（见图3-5），在其中选择适合的热门话题，因为这些话题的热度上升趋势明显，在创作发布后可以承接更多的流量。点击“稍后拍”按钮，可以将创作灵感保存到自己的灵感库中，以后在创建此类主题的短视频时，只需点击右上角的“我的灵感”，找到之前保存的灵感，点击“去拍摄”按钮（见图3-6）进行自由创作即可。

图3-4　创作灵感

图3-5　热度飙升榜单

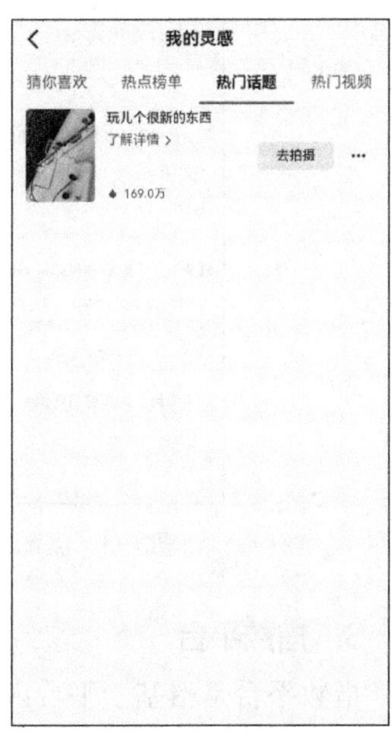

图3-6　点击“去拍摄”按钮

创作者可以在快手的“热点宝”中查看热点榜单、精选活动（见图3-7），还可以查看“活动日历”（见图3-8），了解热点的具体发布时机，当想要参与某热点的投稿时，点击“立即参与”按钮即可参与创作，如图3-9所示。

图3-7　热点宝

图3-8　活动日历

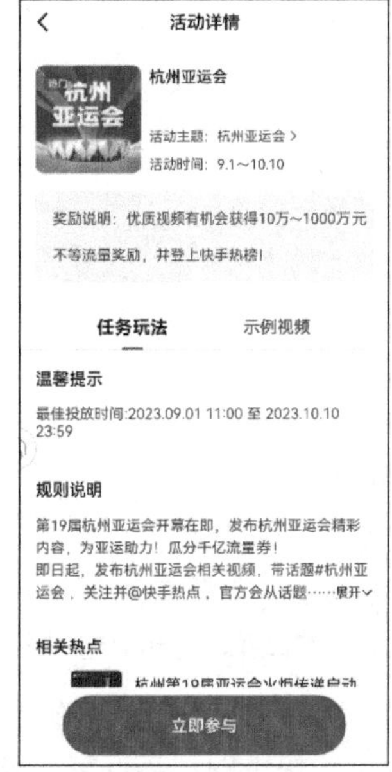

图3-9　点击“立即参与”按钮

3.1.3 收集网络素材

创作者可以综合运用多种方式来收集网络素材，主要方式有以下几种。

（1）多使用关键词

确定文案主题后，搜索素材时要列出与主题直接相关、间接相关的关键词，在搜索素材时使用的关键词应是多维度的。例如，若要写作一则与名人相关的文案，可以用的关键词包括名人的名字、名人所在的公司、名人的职位或身份、投资过的企业，以及与该名人有关的其他名人等。

（2）多渠道搜索素材

除了在百度上搜索素材，创作者还可以在微信公众号、微博、知乎等平台上搜索素材。

（3）多形式搜索

短视频、直播也会用到一些图片、视频等形式的素材，所以创作者在搜索网络素材时，至少要有文字、图片和视频3种形式，这样可以提高内容竞争力。

（4）精准搜索

创作者在各个平台上搜索网络素材时可以限定条件，让搜索更加精准。例如，当在百度上搜索某个短句时，出来的结果可能有断开的、不连续的，如果加上引号，搜出来的这组短句就是连续无中断的，即加引号搜索，关键词不会被拆分；当在百度搜索某素材时添加Filetype:doc，搜出来的都是文档，如果将doc换为PDF、PPT，搜出来的素材格式就都成为PDF、PPT类型，这是按照文件类型进行的精准搜索；在百度上搜索“手机”，出来的基本是各种买卖手机的信息，如果为“手机”加上书名号“《》”，搜出来的都是与电影、小说《手机》相关的素材。

（5）相同定位关联搜索

不管是网站、微信公众号还是作者，都有其内容定位，而定位就意味着持续性。因此，创作者在找到一篇符合选题需求的内容后，就可以顺藤摸瓜，搜索作者、网站或微信公众号的其他同类内容。

3.1.4 培养积累素材的习惯

要想在写作文案时灵活运用，自如地调取素材，不能仅仅在写作文案前“临阵磨枪”，还要养成平时积累素材的习惯，并将这些素材进行整理，充分理解，在写作文案时，要尝试使用熟悉的素材，再搜索新素材来进行补充和完善。

要想形成日常积累素材的好习惯，创作者可以运用以下3种方法。

（1）及时收藏

平时翻看微信公众号平台上的内容时，看到优质的内容要立刻收藏，这样以后需要使用素材时可以从收藏夹中翻出来。当收藏内容很多时，创作者使用关键词来搜索收藏夹中的内容，就能马上找到需要的内容。在微信的“我的收藏”中，创作者可以根据内容的类型来搜索，如最近使用、链接、图片与视频、文件、聊天记录、语音、音乐、位置、笔记、小程序等，也可以为收藏的内容打上标签，在需要使用某一素材时，可以根据标签更快速地找到既定的素材。

（2）随时记录

随时记录的内容可以分为两种情况：一是随时记录需要的素材，这时记录的是打动自己的一句话、一个观点，而不是原封不动地把整篇文章都记下来；二是记录自己的碎片化思考，将脑海中闪现出来的灵感、想法和不一样的思考角度记录下来，一定要在出现灵感时立刻记下来，因为这些灵感稍纵即逝，如果不及时记录，就会留下遗憾，再也记不起来。创作者可以使用手机中的便签、备忘录等功能进行记录，为了节约时间，可以记录关键词，等有时间了再进行整理。

（3）撰写心得

创作者在阅读文章、书籍或看电影、与人聊天时，如果突然想到一个很有价值的观点或看待问题的新颖角度，用简单一两句话是记录不完整的，而这时文思如泉涌，就可以马上写作一篇心得体会，以备忘录的形式存放在手机中。心得体会不用太长，100～300字即可，主要是记录当时一瞬间脑海中涌现的内容，让自己以后翻阅时能够看懂即可，这些内容很有可能会成为文案的核心部分。

在写作短视频文案和直播文案时，除了在选题和内容策划阶段需要积累很多文字形式的素材，创作者还要积累图片素材，这在短视频和直播封面图制作时尤为重要。表3-1所示为常用的图片素材网站及说明。

表3-1　常用的图片素材网站及说明

网站	具体说明
Unsplash	Unsplash 是一个提供免费高清图片素材资源的网站，用户可以在该网站免费下载和使用自己喜欢的图片，无须支付版权费用或署名作者。Unsplash 的图片都是由来自世界各地的创作者上传的，涵盖了各种主题和风格，用户可以根据自己的需要和喜好来选用
智能直播助手	智能直播助手是一款功能强大的直播工具，它不仅可以帮助用户轻松实现直播功能，还可以提供丰富的直播图片素材库。这些素材都是经过专业设计师精心制作的，包括直播背景图、直播道具图、直播人物图等。用户可以根据自己的直播主题，选择合适的图片素材为直播增色添彩
Pexels	Pexels 是一个知名的免费图片网站，为用户提供大量高质量的免费图片资源，且每周会定期更新。用户可以将这些图片用于个人、商业和非商业用途，无须支付任何费用或得到创作者的授权。同时，用户也不必担心侵犯版权的问题。但是用户在使用图片时，要标注创作者的姓名或 Pexels 网站的来源，并遵守其使用协议中的其他规定
Canva	Canva 是一个非常流行的设计工具，不仅可以帮助用户设计漂亮的作品，还提供大量的图片素材。在 Canva 上，用户可以找到各种各样的图片素材，从简单的图标到复杂的插图，都能轻松找到
菜鸟图库	菜鸟图库汇集了各种免费高清的广告图片设计模板、电商淘宝模板、企业办公模板、短视频模板、音频模板、音效、字体、插画动图、装饰模型等素材，由众多的设计师供稿，能够满足各个行业的商用需求，提供高品质的免费素材下载资源
昵图网	昵图网是一个原创素材共享平台，可提供海量原创素材，包括摄影作品、设计素材、视频素材、PPT 模板、PSD 源文件、矢量图等高清图片下载

3.2 策划文案选题

无论是文字内容的创作，还是短视频和直播文案的创作，只要涉及文化内容创作，选题的重要性就不言而喻。只有确定短视频和直播的选题后，创作者才能知道下一步的创作方向。如果选题优秀，即使没有使用太多的创作技巧也有可能获得用户的认可，使短视

频或直播获得更多的推荐；如果选题平庸、价值不高，即使投放广告也不太可能被用户喜欢，获得平台推荐的可能性也很低。

3.2.1 文案选题的基本要求

好的文案选题必须富有话题性，能够清楚地传达创作者的想法和情绪，通俗易懂，最终引起用户的情感共鸣。具体来说，文案选题的基本要求如下。

1. 有广泛的覆盖人群

在写作文案前，创作者要先思考该选题的潜在目标用户有多少，如果覆盖的人群足够多，就有被广泛传播的可能性。例如，同样都是职场领域，下列文案的覆盖人群由高到低为：《一个人的更多可能性，就看他下班后的5个小时》《那些财务自由的年轻人，都做对了什么》《柳××：我的复盘方法论》《日常安排工作，总有人不配合怎么办》《管理的本质，是激发潜能和善意》。

《一个人的更多可能性，就看他下班后的5个小时》覆盖的人群是上班人员；《那些财务自由的年轻人，都做对了什么》覆盖的是想实现财务自由的年轻人；《柳××：我的复盘方法论》覆盖的是想学复盘的人；《日常安排工作，总有人不配合怎么办》和《管理的本质，是激发潜能和善意》覆盖的则是管理者、领导层。因此，当在某一垂直领域构思出众多选题时，创作者要优先选择覆盖人群更多的选题。

2. 能够击中痛点

痛点是指用户在使用产品或服务的过程中由于更高、更挑剔的需求未被满足而形成的心理落差和不满，这种落差和不满会在用户心智模式中聚集成一个点，成为负面情绪爆发的原因。简单来说，痛点就是用户急切想要规避的不良体验，能够充分解决痛点的产品或服务往往会被用户所接受。

因此，创作者在写作文案时要揭露用户的痛点，并在文案中提供痛点的解决方案。例如，某短视频向人们讲解了买票的小妙招，如先预测网速，5G大于Wi-Fi，大于4G，然后更新App到最新版本，提前填好个人信息；接着清理手机缓存，在买票前15分钟重启手机，手机后台只留下支付App和买票App；然后掐准时间，在买票倒计时59秒的时候从最外面的界面点进去；最后是捡漏，第一遍没买到票也不要急着退出，再等5分钟到20分钟，拼手速买未来得及付款的回流票。该短视频的标题文案为“买票小妙招，是不是节约了你很多时间？”，该文案击中了用户花费很多时间都买不到票，白白耗费大量精力的痛点，在短视频中支招，帮助用户节约精力和时间。

3. 激起用户的分享欲望

创作者选择的选题要有趣、有话题，能让用户产生身份认同感。一般来说，能够激起用户分享欲望的文案要能激起用户的以下心理动机。

- **利他心理**：用户分享干货短视频和直播，可以帮助好友获取知识，在某些方面为他人提供帮助。因此，创作者的选题要写一些对用户有用的内容，为用户提供价值，图3-10和图3-11所示分别为分享干货的短视频和直播。
- **认同心理**：创作者可以发表对某些事件的看法和意见，用户看到后如果认同该观点，就有可能分享出去，间接地向外界传达自己的观点。
- **塑造形象**：如果创作者的文案观点新颖、独特，用户分享出去就可以提升自身形象，彰显自己的个性和认知能力。

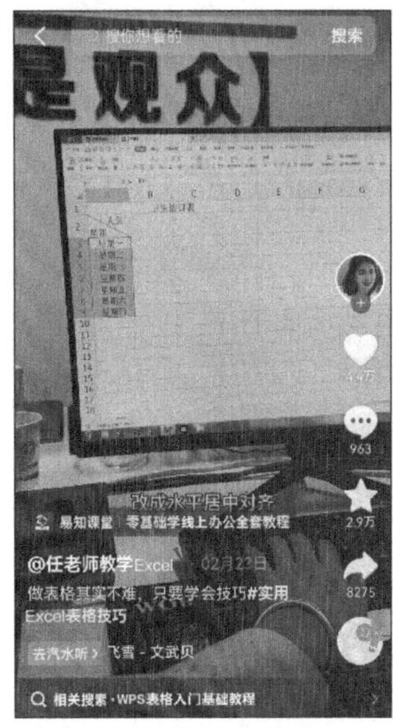

图3-10　分享干货的短视频

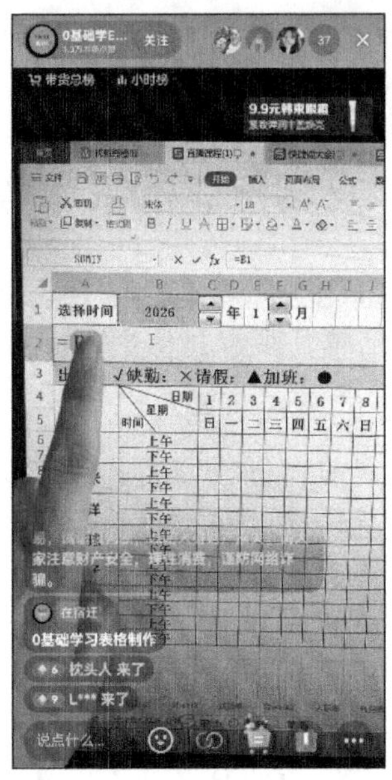

图3-11　分享干货的直播

4. 不盲目蹭热点

热点不仅会获得大众关注，还带有一些敏感性和社会性，如果创作者在写作文案时盲目地蹭热点，一旦热点与创作的领域不相关，不仅不会获得热点所带来的流量，甚至会面临粉丝流失、被平台封禁的风险。因此，创作者要扎实做好每一步的准备工作，经过日积月累的努力，保持持续的内容输出，形成自己鲜明的特色和风格，吸引忠实的粉丝。

3.2.2 策划文案选题的方法

在策划文案选题的过程中，除了遵守基本要求，创作者还要采用合适的方法提高选题效率。常用的文案选题策划方法有以下几种。

1. 群体共鸣法

共鸣是指创作者释放的某种情绪让很多人产生了相对情绪，同时这些人因情绪共振而发声参与。但是，创作者要追求群体共鸣，如上班族、年轻人等，而不是少数人的共鸣。创作者在策划选题时要找到群体共鸣，可以让这些群体不吐不快，从而放大文案的声量。

2. 评论区选题法

创作者要留出时间特意浏览自己短视频的评论区或竞争对手短视频的评论区，以及直播间的弹幕，从中寻找选题灵感。创作者可以在有选题潜力的评论内容下方回复，告诉用户这条评论内容的点赞达到多少数量就安排该选题，这种互动能够有效地保证该选题未来的观看量。

3. 细分选题法

创作者可以对某个垂直领域进行细分，把大话题细分为小话题，这样可以在垂直领域的框架下丰富选题的类型，扩大选题的数量，同时可以针对不同用户的需求进行创作，凸显自己在垂直领域中的专业性。例如，创作者可以在知乎平台上搜索“职场”话题，会看到下面有很多细分话题，如职场沟通、职场心理、职场新人、职场礼仪、职场困惑等（见图3-12），创作者可以结合自身经验和专业能力写作相应的文案。

图3-12 知乎上的"职场"细分话题

4. 借用热点赋能

创作者之间的竞争其实是在争夺用户的注意力和时间，而热点事件是吸引用户注意力最多的东西，所以追热点成为创作者追求流量的过程中必须做的事情。

与追热点不同的是，借用热点赋能是指创作者本来就对一个主题进行了深入的思考，这些思考恰好与热点事件有较为深刻的联系，热点事件可以作为论证创作者观点的案例，这时就可以借助热点事件来为文案赋能，让创作者的思考传播得更广。前面也提到过，追热点时切忌盲目蹭热点，这样既容易引起用户的反感，也对创作者及其账号没什么好处。

5. 提供多维度的新知

策划选题要尽量避免同质化竞争，跳出内容竞争的"红海"，为用户提供更多维度的新知。多维度的新知包括新知识、新认知、新方法、新材料、新故事、新形式、新视角等。多维度的新知可以给选题注入活力，增添新鲜感。

6. 分析竞争对手选题

创作者要关注同行竞争对手的选题，了解他们的成功选题，借鉴其选题灵感，同时要融入自己独特的观点和创意。每个领域都有做得好的竞争对手，创作者可以在第三方数据分析平台查看和参考。

在分析竞争对手选题时，创作者可以利用四维还原法来找到更多的选题灵感。四维还原法的步骤如下。

第一步，内容还原，把整个短视频用文字描述一遍，用文字将竞争对手账号的短视频文案抽丝剥茧，这时很多细节会被记录并展现出来，相应的信息也将得到完整的展现。

第二步，评论还原，打开评论区，查看网友对该作品的反应，并找出其中有代表性的评论进行分析研究。

第三步，身份还原，创作者应对评论用户、回复点赞的用户的身份进行调查，找到用户的具体身份，他关心什么，以及为什么关注该作品。

第四步，策划逻辑还原，分析该作品的目标用户群体、主题、主题传达方式，找到作品能够被广泛传播的底层逻辑，即社交货币。

使用四维还原法的目的不是对竞争对手的爆款内容进行表面上的模仿，而是还原其策划逻辑，依照此逻辑，结合不同程度的创新，创作者就能创作出更多相关的作品。

3.2.3 选题的扩展与细化

选题的扩展与细化指的是前面提到的细分选题法，具体来说，就是围绕某一垂直领域的关键词进行扩展与细化，形成系列化选题。

- 母婴领域可以扩展出辅食教程、找月嫂攻略、育儿经验、亲子互动游戏、母婴好物推荐、“种草”指南等。
- 健身领域可以扩展出有氧运动、无氧运动、减脂操、减脂餐、产后修复、健身器材、室内健身、室外健身等。
- 美妆领域可以扩展出美白、保湿、画眼影、画腮红、选择口红色号、敷面膜等。
- 剧情领域可以围绕人物背景或事件背景打造系列化主题，如友情系列、爱情系列、亲情系列、生活系列、学习系列、职场系列等；剧情类账号可以将一集内容分为上下两集发布，在上集结尾处设置悬念，留下伏笔，在下集开头处设置情景回顾。
- 办公技巧领域可以扩展出PPT使用技巧、Excel使用技巧、Word使用技巧、剪映使用技巧、Premiere使用技巧等。

利用关键词扩展的方式寻找选题，不仅可以缓解选题焦虑，还能有效地获取精准粉丝。

在选题扩展与细化过程中，创作者可以从以下几个方面来找选题。

1. 产品扩展词

创作者在策划选题时可以从产品本身延伸出很多扩展词，通过这些扩展词往往可以找到很多合适的选题。例如，创作者所属的领域为“新媒体运营”，但新媒体运营有很多内容和方向，以运营渠道为例，运营渠道可以是知乎、微信公众号、抖音、快手、微博、小红书、头条号等，因此创作者在针对选题提问时，问题可能是“微信公众号怎么做？”“小红书怎么做？”“微博怎么做？”……这时创作者可以将这些问题生成扩展词，如知乎运营、微信公众号运营、小红书运营、微博运营等。

2. 用户的标签关键词

创作者可以从产品对应的目标用户群入手，寻找用户的标签关键词。例如，某新媒体运营账号的目标用户群为“零经验新手转行新媒体运营”，对应的标签关键词为“零经验”“新手”“转行”等。

除了直接的用户标签关键词，创作者还可以把用户标签进行细化和扩展，生成对应的扩展词。例如，根据用户是否毕业，创作者可以把用户分为在校生、应届毕业生和职场人，对应地扩展出“毕业生求职”“应届毕业生求职”“在校生实习”“职场转行”等关键词。对“职场”这个标签关键词，创作者可以进一步细化，如“职场面试”“职场实习”“职场能力提升”等。

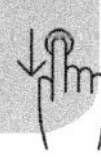

3. 创作者的标签关键词

创作者也可以从自身角度出发，依照自身情况或个人诉求，寻找相应的选题。例如，如果自己是新媒体运营人员，平时运营数据很好，但突然有一天数据下降了，这时可以分析原因，做一期分析视频，“数据下滑是怎么回事？经过分析，问题可能出在这个方面”。

与创作者的个人经验相关的文案，既能做一个阶段性的总结，又能为目标用户排忧解难，其实也隐藏了与产品契合的关键词。

4. 在热点中扩展和细化选题

借助热点来做选题不是仅仅将文案的内容与热点事件相关联那么简单，创作者在借助热点时不要只与热点事件的主角相关联，也要考虑到该热点事件背后的那一群人。例如，当某名人的健身操直播大热时，创作者在做选题时不要只顾着把自己的文案与该名人进行关联，也要注意那群热爱健身的用户群体，从这个用户群体上找到一些关键词来扩展。

热点事件的时效性很强，但其时效性并非只有24个小时，很多时候也存在长尾效应。关注热点事件的用户很多也是后知后觉的，可能在某个时间点看到或听说了，就想搜索相关的内容，因此创作者不要急于追热点，而是在热点事件发生后先浏览其他人的选题角度，然后找到一个差异化的选题角度来跟进该事件。

每个领域都会有新鲜的角度让创作者找到选题，即便是在信息爆炸的时代，只要创作者动脑思考，踏实地去收集素材，就有可能找到一个新鲜的角度扩展并细化选题。

3.3 文案创意思维方法

在短视频和直播文案写作中，真正的挑战在于挖掘文案背后所蕴含的创意思维，而文案创意思维能力是可以通过训练培养与提高的。培养文案创意思维能力的首要前提是了解并掌握常用的文案创意思维方法。

3.3.1 头脑风暴法

头脑风暴法是指创意策划人员在正常、融洽且不受任何限制的氛围中，以会议形式进行讨论，大家打破常规，积极思考，畅所欲言，充分发表各自的看法，其精髓在于允许各种天马行空的想法不断提出，并集合众人的智慧对其进行完善。

头脑风暴法不是简单地拼凑每个人的看法，而是严格遵守流程，把参与的个体连成一个整体，通过引发联想来激发出新的创意。

头脑风暴法的基本原则有自由畅想原则、延迟批评原则、以量求质原则、综合改善原则、限时限人原则。

- **自由畅想原则：**在头脑风暴会议中，参会者可以自由发表任何可能出现在他们脑海中的想法。这一原则强调开放的思维模式，不限制或评价任何想法，从而鼓励参会者无拘无束地表达自己的观点。
- **延迟批评原则：**在头脑风暴会议中，参会者不应立即对他人提出的想法进行批评或评论，以免过早地评价抑制其他参与者的创新思维。等到想法都被记录下来，会议结束后再进行评估和筛选。

• **以量求质原则**：参会者在头脑风暴会议中尽可能多地提出想法，不过分关注想法的质量，这一原则强调通过产生大量的想法来增加创新的可能性，以数量上的增加带来质量上的提升。

• **综合改善原则**：在头脑风暴会议中，参会者要对已有的想法进行改进或补充，以促进思想的碰撞和升华，利用集体的力量不断完善和提升想法的质量。

• **限时限人原则**：头脑风暴会议小组人数一般为10～15人，时间一般为20～60分钟，主持人只主持会议，对想法不做评论，记录员要认真记录参会者的想法。头脑风暴会议的人员结构如表3-2所示。

表3-2 头脑风暴会议的人员结构

人员结构	具体说明
主持人	友好对待每一个参会者，及时制止违反会议原则的现象，营造自由畅想的氛围，充分引导参会者积极思考，提出大胆、独特的想法；确保讨论围绕中心议题，发言集中，不私下谈话；鼓励参会者互相激励，提醒记录员记录每一个想法，并放到醒目位置；对问题有深刻的理解，以便在会议中做启示和引导
参会者	参会者的人数以5～15人为宜，专业构成要合理，保证大多数人是对议题十分熟悉的行家，但并非局限于同一行业，要注意全面多样化的知识结构，突破行业思考的约束；尽量选一些有实践经验的人，以提高会议效果，同时配备其他人员作为辅助
记录员	通常配备1～2名记录员，负责对会议中提出的所有想法进行记录

除了常见的畅所欲言式的头脑风暴法，头脑风暴法还有很多其他类型。

1. 脑力书写法

参会者不要把想法说出来，而是写下来，然后匿名传递。参会者可以分成6人一组，为每个人提供一张工作表，让每个人在5分钟内产生4个想法，在工作表中写下想法后，要将工作表传递给右边的成员，右边的成员根据左边成员的想法再创造出新的想法，重复经过多个回合后，直到30分钟时，将大家提出的想法进行总结与整理。这种方法又叫暴风雨法。

2. 反向头脑风暴法

反向头脑风暴法是指将典型的头脑风暴法颠倒过来的过程，即不要求参会者提出解决问题的好点子，而是要求他们提出破坏流程或无法达到目标的想法，操作规则是以批判的眼光揭示某种观念的潜在问题，通过提问发现创意的潜在缺点。参会者一旦知道什么是无效的，也就拥有了实现目标所需的方法。

3. 角色扮演头脑风暴法

通过角色扮演，参会者将自己想象成一个与目标相关的角色，如客户，打造一个场景并从另一个角度进行思考，可以降低参会者的约束感，对提出解决方案提供深刻的见解。以下3个问题可以帮助参会者在角色扮演头脑风暴中思考：使用者/管理者/客户真正想要什么？他们为什么不满意？为了使他们对自己的经历或结果有更好的感觉需要什么？

3.3.2 九宫格思考法

九宫格思考法是指确定目标用户后，围绕目标用户关注的话题做放射性的扩展，迅速找到更多的内容方向。

创作者要先画出九宫格，以某个关键词为核心，列出核心关系，再用核心关系为九宫格的核心，列出常见、最好有冲突的沟通场景，这样有利于创作者言简意赅地提炼文案的精华。例如，创作者在写作吸尘器的宣传文案时，要先画出九宫格，以“吸尘器”为核心，列出该吸尘器的核心卖点，并分别列在九宫格的外侧方格内，如图3-13所示。

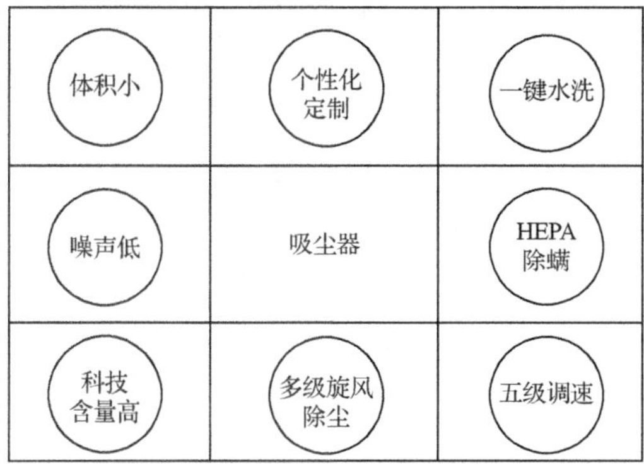

图3-13 九宫格思考法

列出吸尘器的核心卖点后，创作者接下来就要打开思维，逐一分析这些核心卖点，并对比市场上竞争对手的产品，在文案中为该产品做差异化包装。

3.3.3 发散思维思考法

发散思维思考法的常见形式是使用树状图。以产品文案的写作为例，树状图的主干应填写产品的核心卖点，在核心卖点基础上联想出来的细分内容就相当于树状图的几个主要枝干，而在每个枝干上还可以进一步开枝散叶，在每一个元素的基础上进一步联想，发散出更多关键词，最后在其中选择一个最能打动自己的点进行提炼。

农夫山泉天然矿泉水的核心卖点是“天然水源”，这就是树状图的主干，而“绿色”“大自然”“水更好喝”等联想出来的元素则是树状图的几个主要枝干，根据这些元素可以进一步联想，发散出更多关键词，最后提炼出文案。例如，从“甘甜”这一元素可以提炼出“农夫山泉有点甜”的文案；从“大自然”“搬运”等元素提炼出“我们不生产水，我们只是大自然的搬运工”这一文案，而其他的关键词则可以成为相关广告可运用的元素，如图3-14所示。

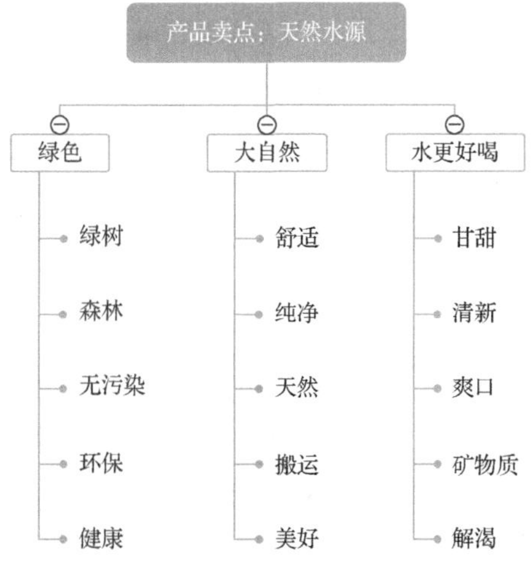

图3-14 发散思维树状图

3.3.4 创意表格法

发散思维思考法适合在确定的信息上进行无限的发散创意，而在文案写作工作中，很多创意的产生来源于对不确定性信息的重组。例如，要想开发一款创新的饼干，日常的思考方法是随机将口味进行组合，或者将形状进行组合，得出的结果比较随机，而采用创意表格法，设计一个创意表格来帮助思考，将不同的维度穷尽列举，可以获得大量的创意结果。在此，将饼干的口味、结构、造型、颜色等维度分别列举，每个维度相加即可获得一种结果，多个维度均可获得不同的结果，如表3-3所示。

表3-3　创意表格法在新产品开发中的应用

	口味	结构	造型	颜色	……
1	巧克力	单层－厚	圆形	黑色	……
2	牛奶	单层－薄	方形	白色	……
3	草莓	夹心－厚	细棒形	黑白	……
4	香橙	夹心－薄	粗棒形	三色	……
5	……	……	……	……	……

使用创意表格法的步骤如下：一是从现有的产品中剖析出分解问题的维度，二是对每一个维度尽可能地细化，三是对不同的维度建立不同的组合。

例如，创作者在为某款茶叶写作短视频文案或直播文案时，可以采用创意表格法生成不同维度的创意文案，首先从生态环境、品质特点、功效作用和茶叶文化等维度选取相关内容填入表格（见表3-4），通过将不同维度的内容相加生成不同的创意文案，如表3-5所示。

表3-4　不同维度的内容

	A（生态环境）	B（品质特点）	C（功效作用）	D（茶叶文化）
1	四川省雅安市名山区西部	外形紧卷多毫，嫩绿色润	定心安神，消暑去热	“蒙顶仙茶”
2	全年平均气温14.5℃，年降水量2000mm～2200mm	内质香气馥郁，芬芳鲜嫩	改善肠道功能	“扬子江中水，蒙山顶上茶”
3	云雾弥漫的生态环境，能减弱太阳光直射，增加散射光	滋味鲜爽，浓郁回甜	杀菌、消炎	蒙顶派“龙行十八式”

表3-5　选取不同维度的内容生成创意文案

	选取的维度	文案内容
1	1A+2B+1C+1D	蒙顶茶产于四川省雅安市名山区西部，内质香气馥郁，芬芳鲜嫩，可以定心安神，消暑去热，号称“蒙顶仙茶”
2	2A+3B+2C+2D	蒙山全年平均气温14.5℃，年降水量2000mm～2200mm，所产的蒙顶茶滋味鲜爽，浓郁回甜，具有改善肠道的功能，古人曰：“扬子江中水，蒙山顶上茶”
3	3A+1B+3C+3D	蒙山云雾弥漫的生态环境，能减弱太阳光直射，增加散射光，蒙顶茶的茶叶外形紧卷多毫，嫩绿色润，可以杀菌、消炎，它还有一套由蒙顶山僧人流传出来的蒙顶派“龙行十八式”

3.3.5 元素组合法

文案中的创意很多时候是不同元素的组合，有旧元素和旧元素的组合、旧元素和新元素的组合、新元素和新元素的组合，其中以前两者居多。

元素与元素之间要想擦出火花，必定要找到这两者的关联，这对创作者的事物敏感度、对材料的吸收解读能力、对信息的整合处理能力等有较高的要求。

不同元素的组合往往能带来意想不到的创意。在写作文案时，元素组合法要求创作者根据文案的主题目标，先随机写一些关键词，然后把这些关键词与产品或服务进行联想，看能否搭配出一些全新的创意。

元素组合法的创作公式如图3-15所示。

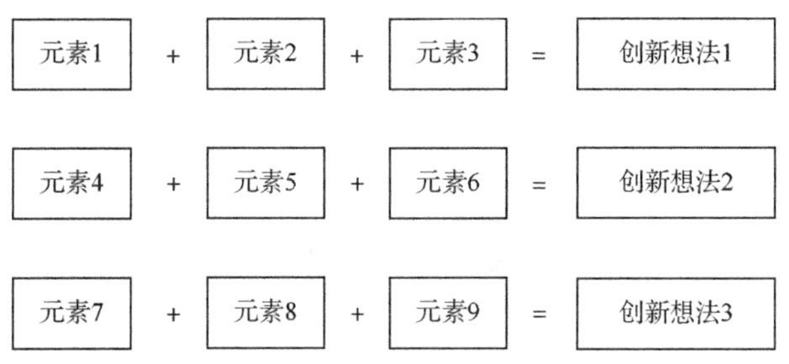

图3-15 元素组合法的创作公式

创作者采用元素组合法时，可以从多个方面进行，例如，从文案本身考虑，文案中一般会包含品牌、产品或服务，这时可以将其与外部元素相结合，如节日、热点等，寻找写作的切入点；也可以通过组合文字、形状、物品等元素来贴合品牌理念或产品卖点，写作出具有设计感的短视频和直播文案。

例如，创作者要为某糕点店铺写作一条中秋节促销活动的直播文案，如果采用元素组合法，就要在前面3个格子中随机填上3个关键词，然后把这3个关键词与糕点联系起来，将最终的结果填在最右侧的格子中。如果在前面3个格子中分别填上“故乡”“亲人”“团圆”，将这些关键词与糕点联系起来，在最右侧的格子中可以填上“月是故乡明，与亲人共品中秋糕点，享受团圆时刻”。

又如，某食品品牌的炒面套餐推出一则视频广告《炒面靓汤重新在一起》，将不同影视剧中的人物形象、苦情剧情等元素进行组合，讲述“吃炒面”和“喝靓汤”在经过多重考验后终于走到一起的故事，展现炒面要搭配靓汤的产品卖点，并配合搞怪剧情和歌词文案，强化用户对视频及产品卖点的印象。

实训案例

请观察下列图片，说出图3-16中展示的是什么选题方法？积累写作素材的渠道是什么？回答这两个问题后，请选择一个当前热议话题作为短视频或直播的主题，写作相应的短视频文案或直播文案。

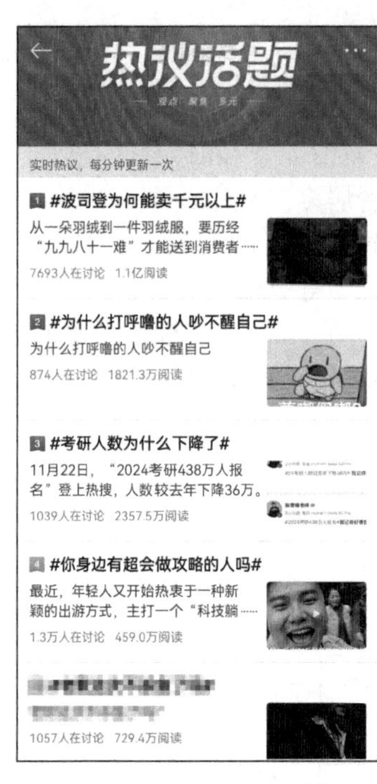

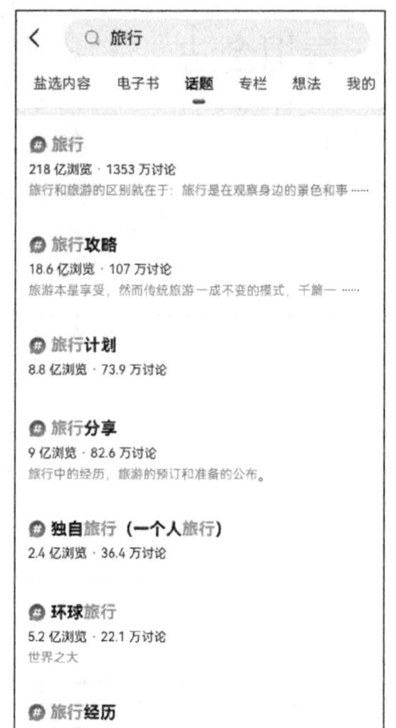

图3-16　热议话题

课后思考

1. 简述文案选题的基本要求。
2. 简述策划文案选题的方法有哪些。
3. 简述文案创意思维方法有哪些。

第4章 短视频文案的写作

【知识目标】

- 了解短视频脚本的基本结构和写作流程。
- 掌握拍摄提纲、分镜头脚本和文学脚本的写作方法。
- 掌握短视频账号信息的设置方法。
- 掌握短视频标题和关键词的写作方法。
- 掌握短视频引流文案的优化技巧。
- 掌握短视频封面的设计方法。

【能力目标】

- 能够熟练写作短视频脚本。
- 能够设置短视频账号信息。
- 能够写作短视频标题和关键词。
- 能够优化短视频引流文案。
- 能够合理设计短视频封面。

【素养目标】

- 培养诚信意识，实事求是，不做“标题党”。
- 通过短视频传播社会主义核心价值观，促进网络生态持续向好。

在短视频创作与传播中，文案无处不在，策划、脚本、引流、关键词的选择等环节都要依靠文案。短视频文案的重要作用在于吸引用户，引导用户了解短视频内容，其也是推广产品和服务的重要手段。因此，为了成功创作出优秀的短视频，并进行有效的宣传推广，创作者要熟练掌握短视频文案的写作方法。

4.1 短视频脚本的写作

脚本是短视频创作的基石，是贯穿整个短视频始末的内在逻辑，更是短视频拍摄的重要依据。如果没有短视频脚本，短视频的拍摄很有可能出现混乱局面，所以短视频脚本对短视频的创作来说至关重要。

4.1.1 短视频脚本的基本结构和写作流程

如果不了解短视频脚本的基本结构和写作流程，即使花费的时间再多，也可能是无用功。因此，创作者要熟悉短视频脚本的基本结构和写作流程，这样可以厘清写作思路，提高写作效率。

1. 短视频脚本的基本结构

根据短视频脚本的内容展开方式，短视频脚本的基本结构分为总分总、倒金字塔等结构形式。

（1）总分总结构

总分总结构可以让短视频结构完整。第一个“总”是指表明主题，一般要在短视频开头的3～5秒表明主题，否则等待时间过长，用户很有可能选择离开，不再观看，影响短视频的完播率。“分”是指详细说明或叙事，用完整的论述和剧情来传达短视频的主题。最后的“总”是总结收尾，重申主题，引发用户的思考和互动。

（2）倒金字塔结构

很多创作者在采用总分总结构时，交代的背景信息过于详细，导致脚本结构头重脚轻，影响后续拍摄效果。这时创作者可以调整思维，采用倒金字塔结构，以事实的重要程度或用户关心程度依次递减的顺序，先主后次地介绍各项信息。这样做可以最大程度地提升短视频开头的精彩程度，以吸引用户。

由于短视频是一种视听语言，用户主要用耳朵和眼睛来接收信息，反复观看的可能性并不大，所以要用并列、递进、对比等一维结构，不要扩展成学术论文那样的多维结构，以免给用户设置理解障碍。

在短视频脚本开头设置最吸引人的部分，后面的部分就要精心设计小故事、小人物、小场景、小细节，以起到引人入胜、与用户产生共鸣的效果。

2. 短视频脚本的写作流程

写作短视频脚本的基本流程如下。

（1）确定主题

在创作短视频前，创作者要明确短视频创作的主题和动机，如内容的具体类型、表现形式、希望达成的目标等。明确的主题定位可以为脚本奠定基调，使短视频内容与账号定位更加契合，形成鲜明的个性，从而增强短视频的吸引力。

（2）设置人物

设置人物是指明确人物的数量、每个人物的设定和作用。

（3）确定拍摄时间和拍摄地点

提前确定拍摄时间有助于落实拍摄方案，提高工作效率，创作者可以提前与摄影师商

定拍摄时间，规划好拍摄进度。

提前明确拍摄地点有助于拟定短视频拍摄大纲，填充内容细节，由于拍摄地点对布光、演员和服装等的要求不同，也会影响最终的作品质量。

（4）设定场景

设定合理的场景有助于渲染故事情节，强化主题。场景要与短视频剧情相吻合，且数量不宜过多。

（5）明确拍摄方式

短视频脚本中与拍摄方式有关的要素有镜头运用、景别、镜头时长、机位、影调、道具等。

- 镜头运用是指运镜，常用的有推镜头、拉镜头、摇镜头、移镜头等。
- 景别是指拍摄对象在画面中呈现出的范围大小，包括远景、全景、中景、近景、特写等。
- 镜头时长是指单个镜头的时长，要根据短视频的整体时间、故事主题、主要矛盾冲突等因素来确定。
- 机位是指拍摄设备相对于拍摄对象的空间位置，如正面拍摄、侧面拍摄、俯视拍摄、仰视拍摄等。
- 影调是指画面的明暗层次、虚实对比和色彩的色相明暗等之间的关系。影调要根据短视频的主题、内容类型、事件、人物和风格来确定和运用，还要考虑好画面运动或镜头衔接时的细微变化。
- 道具的合理使用不仅可以助推短视频剧情发展，还能优化短视频内容的呈现效果，有助于短视频获得更多的流量和更多用户的点赞与互动。

（6）写作短视频脚本

无论什么类型的短视频脚本，开头都是吸引用户的关键，创作者要用生动有趣的语言描述场景、人物或事件，让用户快速产生兴趣和共鸣。

在写作脚本正文时，创作者要注意节奏感和节制力，避免过于冗长和枯燥，可以通过讲故事、展示产品特点、演示操作等方式来吸引用户的注意力。

在脚本的最后，创作者可以对短视频整体内容进行总结和概括，或者利用设置悬念或反转等方式给用户留下深刻的印象。

4.1.2 拍摄提纲的写作

在拍摄短视频前，创作者要将需要拍摄的内容罗列出来。一些短视频无法在正式拍摄过程中与脚本内容完全对应，具有很大的不确定性，难以预测，这时创作者可以写作拍摄提纲，为短视频搭建基本框架，这能对拍摄内容起到提示作用，给摄影师提供较大的发挥空间，其缺点是对后期剪辑的指导效果不大。

拍摄提纲比较适用于纪录类、访谈类等短视频的拍摄。表4-1所示为江苏镇江旅行Vlog的拍摄提纲。

表4-1　江苏镇江旅行Vlog的拍摄提纲

组成部分	内容
主题	来一场说走就走的旅行，目的地是江苏镇江。这条视频就是带领人们体验博主在镇江游玩的经过
视角	家、高铁站、西津渡、永安菜市场、饭馆、北固山（甘露寺）、下山和男友分享旅程

续表

组成部分	内容
体裁	Vlog
风格	整体风格轻松、愉快，独白较多，主要以快节奏的转场和画面突出游玩的愉快，构图主要为九宫格构图或中心式构图，充分利用自然光线，以平角拍摄景观、仰头自拍为主
内容	场景一：用独白欢迎大家收看博主的Vlog，在家里化妆、换衣服，为旅游做准备，并说出自己的目的地是镇江。 场景二：打车去高铁站，发现坐高铁到镇江只要20分钟。 场景三：在西津渡附近拍摄老房子并自拍，觉得哪里都很好看，途中偶遇一群快乐的人。 场景四：打车去永安菜市场找好吃的，到目的地后拍摄当地风景人文和美食，一边吃一边称赞食物的美味。 场景五：骑车前往北固山，拍摄独特的共享单车，到达目的地后拍摄北固山和甘露寺的远景，登山后拍照并观赏长江的风景，到达甘露寺后观赏风景并自拍；遇到粉丝，帮粉丝拍照。 场景六：一边说着好累，一边展示买的一大包东西，虽然累，但很满足。下山后与男友视频分享游玩经过，在视频中摆手说再见，既是与男友说，也是在和粉丝说
细节	以节奏较快、动感十足的外国流行歌曲作为背景音乐，配合画面的快速切换，给人轻松愉快、自由自在的感觉；在转场时添加有趣的音效，营造轻松的氛围

该Vlog为纪录类短视频，由于博主前往镇江游玩只有一个大致的目标，虽然可以确定去哪里玩、吃什么、做什么，但在具体游玩过程中可能会有变化，因此博主在创作旅行Vlog脚本时，以拍摄提纲为宜，确定视频的目标、风格、拍摄地点和大致的内容，再完善细节即可。

具体来说，拍摄提纲的写作一般包括以下几步。

（1）明确短视频主题，确定选题、立意和创作方向，确定创作目标。

（2）呈现选题的切入点，如果是拍摄Vlog，就先大致圈定几个拍摄地点。

（3）明确短视频的体裁，然后确定该体裁的拍摄手法和表现技巧。

（4）确定短视频的构图、光线和节奏。

（5）呈现场景的转换、结构、视角和主题。

（6）完善细节，补充音乐、解说、配音等内容。

4.1.3 分镜头脚本的写作

分镜头脚本类似于建筑大厦的蓝图，是摄影师进行拍摄、剪辑师后期制作的依据，也是演员和所有创作人员领会导演意图、理解剧本内容，进行再创作的依据。分镜头脚本相当于整个短视频的制作说明书，是把短视频情节转换为镜头的过程，决定了整个视频故事的发展方向和内容大纲。

分镜头脚本对短视频的画面要求很高，更适合有剧情、故事性强的短视频。表4-2所示为短视频《改变，从现在开始》的分镜头脚本。

表4-2 短视频《改变，从现在开始》的分镜头脚本

镜号	拍摄方式	景别	时长	画面内容	台词	音乐音响
1	固定镜头	特写	2秒	一个行李箱在路面上滑动	（旁白）你想过你的大学生活吗	舒缓的轻音乐
2	固定镜头	近景	2秒	男主角拉着行李箱，在大学校园的路上行走		

续表

镜号	拍摄方式	景别	时长	画面内容	台词	音乐音响
3	固定镜头	全景	2 秒	男主角和关系好的同学一起散步，从远处慢慢走向镜头		
4	固定镜头	近景	5 秒	两人背对镜头，正在聊天	（男主角）上了大学就可以做自己喜欢的事情，有时间打打篮球、泡泡图书馆，选的专业还是自己喜欢的摄影	风声
5	固定镜头	近景	2 秒	镜头拍摄他们的侧面	（男主角）说不定以后我就可以成为世界知名的摄影师了呢	
6	固定镜头	中景	4 秒	半夜时分，舍友看到男主角还在看关于摄影的书，走上前，推了推他	（舍友）不是吧，你大半夜还在看书啊	走路的脚步声
7	固定镜头	近景	5 秒	男主角正在翻书，另一名舍友拿过来手机，手机画面中是一位漂亮的女同学	（画外音）王胜，你看这女生是不是我们学校的？（男主角）嗯……应该是吧	短视频里的歌曲声，声音嘈杂
8	固定镜头	特写	1 秒	男主角拿起手机，下载了某短视频 App		一阵风声呼过
9	固定镜头	全景	4 秒	老师正站在讲台上讲课，底下坐着很多学生	（老师）都包括哪些设备呢？比如说单反、三脚架、无人机……	
10	固定镜头	近景	3 秒	老师举着话筒，开始提问，PPT 上有拍摄设备的图片	（老师）下面我请几位同学先回答几个问题，王胜	
11	固定镜头	近景	1 秒	男主角正在低头戴着耳机看短视频		
12	固定镜头	中景	2 秒	老师在讲台上看着下面，男主角仍然在看短视频	（老师）王胜	
13	固定镜头	特写	1 秒	一只手推了推男主角的肩膀		
14	固定镜头	近景	2 秒	男主角这才站起身，但脸色慌张		
15	固定镜头	近景	3 秒	老师双手撑着讲台，看向男主角，提出问题	（老师）你现在回答一下硬质光和软质光的区别	
16	固定镜头	近景	3 秒	男主角紧张地调整了一下眼镜，低着头，沉默不语		
17	固定镜头	近景	3 秒	老师失望地摇了摇头	（老师）不会就坐下吧	
18	相似主体转场	近景	5 秒	男主角一坐下，镜头从教室来到宿舍，男主角神情凝重，低着头，胳膊肘撑在桌面，正在思索，这时舍友拿过来手机，手机上有游戏界面	（画外音）兄弟，来啊，上号了	
19	固定镜头	近景	3 秒	男主角摆手拒绝	（男主角）我现在有事，不玩了。（画外音）哦，那好吧	

续表

镜号	拍摄方式	景别	时长	画面内容	台词	音乐音响
20	晃镜头	近景	4 秒	男主角低头思索	（画外音，制造错乱、迷惘的效果） ——请玩抖音的同学注意听讲！ ——你还记得你上大学时的志向吗？ ——我供你读大学，你为什么把时间都浪费了呢？ ——最近上课怎么不在状态？ ……	搭配沉重的背景音乐
21	固定镜头	近景	4 秒	男主角趴在键盘边上，从梦中醒来，猛地抬起头，呼吸局促		男主角呼吸的声音
22	固定镜头	近景	4 秒	午后，阳光明媚，宿舍空无一人，男主角站起身，走到窗前，看着窗外的阳光	（独白）时光如此美好，我竟然在这里蹉跎岁月	
23	固定镜头	全景	3 秒	校园的围墙上喷涂着励志标语“改变，从现在开始”	（独白）我已经错过了太多，但不晚，改变，从现在开始	激扬的背景音乐
24	固定镜头（过肩镜头）	近景	3 秒	男主角站在窗前，望向床铺上的相机，男主角的肩膀、脸庞和相机虚实结合		
25	固定镜头	特写	2 秒	男主角的手握住相机		
26	固定镜头	近景	2 秒	男主角站在空旷的校园广场，手持相机，拍下一张张绽放光彩的照片		定格拍照的音效

以上短视频脚本讲述了一个大学生入学后陷入过度娱乐，然后醒悟，并继续追逐梦想的故事。故事结构比较简单，但画面感强，适合用分镜头脚本来展现。从上述脚本可知，一般分镜头脚本的结构包括镜号、拍摄方式、景别、时长、画面内容、台词、音乐音响等，当然，具体的结构可以根据实际内容来确定。

- 镜号是指每个镜头按照顺序进行的编号，可以让创作者清晰地看到整部短视频作品的镜头数量。
- 拍摄方式主要是指镜头的类型及运镜方式，充分结合相关情境采用多种镜头，可以让画面内容更丰富，不要一镜到底。
- 常见的景别有远景、全景、中景、近景和特写，在脚本中要交替使用不同景别，远景用于交代环境，近景用于交代人物。
- 每个镜头的时长一般控制在2～10秒内，视频总时长尽量控制在2分钟以内。
- 画面内容是指视频画面的具体表现，有动作、场面调度、环境造型等，创作者要详细描述每一个想拍摄的画面，在脑海中要有画面感。
- 台词要做到口语化、生活化，通俗易懂，充分结合情境，让用户在听到演员的台词时觉得很自然。
- 音乐音响可以为短视频增添气氛，甚至在关键点可以起到推动故事情节发展的作用。

4.1.4　文学脚本的写作

文学脚本不像分镜头脚本那样细致，适用于不需要剧情的短视频，如教学类视频、评测类视频等。文学脚本基本罗列了所有可控因素的拍摄思路，只需规定人物要做的任务（即内容框架）、说的台词（即台词框架）和镜头画面。

表4-3所示为一条五彩绳糖测评短视频的文学脚本。

表4-3　五彩绳糖测评短视频的文学脚本

内容框架	镜头画面	台词框架
引入主题：测评小朋友喜欢吃的五彩绳糖	博主面对镜头说出主题	今天我要吃小朋友最喜欢吃的五彩绳糖
介绍五彩绳糖	展示五彩绳糖的包装袋、打开包装后糖果的样子和拉长糖果的样子	五彩绳糖就不用介绍了吧，大家小时候都见过，看着五颜六色的，长长的一根，一根能吃一下午
阅读网络评论	展示买家差评，画面中同时展现博主对评论的反应	看差评，“刺鼻气味”，是不是天热坏掉了？ “跟胶一样”，配料里有卡拉胶吗？ “不太好吃”，怪不得他说能吃一下午
拿出买来的五彩绳糖	展示带有包装袋的五彩绳糖，将10包糖果排列好	9.9元到手10包，平均0.99元一包，这是一位来自江苏的粉丝朋友让我评测的
读配料表	博主阅读配料表，以画中画的形式展现配料表中的内容	这五彩绳糖大家小时候都吃过吧，来，咱们先看配料表，里面有白砂糖、葡萄糖浆、葡萄糖、氢化植物油脂，剩下的全是食品添加剂，保质期12个月，产地广东潮州
发表针对糖果的感觉	手中拿着糖果包装	说实话，我隔着包装都能闻到很浓的甜味，拆开看一下
打开包装	把包装打开，拿出里边的糖果，闻味道，感受糖果的质地，发表观点	甜味确实很浓，类似于糖精的味道，但不凑太近也算不上刺鼻。这东西捏起来软软的、弹弹的，说它跟胶一样，倒也不至于，它的手感更像QQ糖，QQ弹弹，但不能拉丝。视频里说它一根能吃一下午，咱们量一下，看它有多长
量糖果的长度	博主拿出盒尺，将糖果拉长，量长度	70厘米，我想问，就这么点，是怎么吃一下午的
吃糖	博主尝一尝糖果的味道	尝一下……吃到嘴里就是糖味和果味，它每一段颜色都不一样，但味道吃起来没啥区别，口感也和QQ糖一样，QQ弹弹的
最后总结	博主看着手中的糖果	最后我想提醒大家，这糖有香精、添加剂和多种色素，小朋友可不能多吃哦
综合评价	画面中出现一个盖章，展现该食品的综合评价，为三颗星，等级为白银	

可以看出，该文学脚本的表现形式是以口播为主，博主说的台词是非常多的，但动作上的要求非常少，场景也很单一，所以并不需要细致地指出景别、拍摄方式，创作者只要确定好每期的主题，搭建内容框架，然后针对每个框架填充具体内容即可。因此，文学脚本对创作者的文笔和语言逻辑能力有较高的要求。

4.2 短视频引流文案的写作

短视频引流文案具有十分重要的宣传推广作用，优秀的短视频引流文案可以引起用户的兴趣并能传递核心信息，从而提高用户转化率和活跃度。短视频引流文案的写作主要包括短视频账号信息的设置、短视频标题和关键词的写作、短视频引流文案的优化，以及短视频封面的设计等。

4.2.1 短视频账号信息的设置

用户打开短视频App，刷到某条短视频并完整观看后，有时会下意识地查看账号信息，从而对该短视频账号有基本的了解。账号信息主要包括账号名称、账号头像和账号简介等，在做账号设计时，创作者要合理设置这3种信息，确保其可以迅速抓住用户的注意力，并使用户真正了解账号的定位，进而关注账号。

1. 账号名称

优质的账号名称可以使用户快速了解短视频提供的内容，提高短视频的传播效率。在设置账号名称时，最重要的要求是账号名称简单易记。这一要求可以细分为两点，一是简洁，避免生僻的词汇、发音和拼写，要让用户看一眼就能知道账号的定位，即使不关注账号，以后再看到时也会有熟悉感，如“桃子爱唱歌”“老爸评测”等，这类账号名称与账号定位密切关联，可以体现账号给用户带来的价值，能够满足用户的需求；二是有创意，容易引起用户联想，方法是打造个性化，使自己与众不同，让用户耳目一新，形成独特的记忆，如“信口开盒”“信口开饭”等。

2. 账号头像

头像是短视频账号的视觉标识，是用户辨识短视频账号的重要途径，一个优质的头像可以快速吸引用户的注意力，使用户对账号留下良好的印象。

优质头像的首要标准是直观、清晰。一般来说，账号头像有以下几种类型。

（1）真人头像

真人头像比较适合有真人出镜的短视频，而且真人头像给人的亲切感更强，有利于拉近用户和账号的距离。如果真人头像十分美观，或者气质、风格独特，对用户的吸引力就很强，用户就很容易点击头像进入账号主页，如图4-1所示。

（2）图文标识头像

图文标识头像适合品牌账号，既直观又形象，有利于强化品牌形象，如图4-2所示。

（3）动画角色头像

创作者可以选取短视频中的动画角色作为头像，这样可以强化短视频中的角色形象，有利于打造动画角色IP，如图4-3所示。

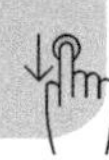

图4-1 真人头像

图4-2 图文标识头像

图4-3 动画角色头像

（4）账号名称头像

这类头像的优势在于能够给用户创造一致性印象，进一步强化账号印象，同时也是打造IP的重要手段，如图4-4所示。

（5）卡通头像

这里所说的卡通头像并非短视频中的动画角色，而是创作者自己创造的卡通形象，与账号内容方向相符，同时给用户传递活泼、俏皮、搞怪的形象，能够拉近用户与账号的距离，如图4-5所示。

图4-4 账号名称头像

图4-5 卡通头像

3. 账号简介

账号简介是一种重要的短视频文案形式，主要用于进一步介绍账号内容，使用户更加了解账号，清楚账号定位和大致的内容方向。设置账号简介时，要求内容简短，突出账号的2～3个特点，用一两句话表述清楚即可。

一般来说，短视频账号简介有以下几种类型。

（1）表明身份

创作者可以用一句话向用户介绍自己的身份，一般句式为“主语+形容词+名词”。例如，抖音账号“虫哥说电影”的账号简介是“一个有趣的童年影视剧解说达人！”

（2）表明内容价值

账号简介可以指出账号内容在特定领域的价值，如技能、干货等，可以为用户提供某些便利，帮助用户提升自己。例如，抖音账号“旁门左道PPT”的账号简介是“专注解决工作型PPT难题，深耕PPT领域6年，学员超2470万，每晚8:40，来直播间，我现场给大家改PPT”。

（3）表明理念和态度

这种账号简介常以金句或打动人心的句子来展示自己的内心态度和理念。例如，抖音影视自媒体账号“小岛电影”的账号简介是“在电影里体味别样人生！”。

另外，很多创作者会在短视频账号简介中留下联系方式，如微信号、微博账号名称、小红书账号、电子邮箱等，既有利于将用户引流到自己的私域流量池，还能扩大商务合作渠道。当然，有的创作者会在账号简介中将以上3种类型充分结合，十分详细地介绍自己的账号。

4.2.2 短视频标题和关键词的写作

要想吸引粉丝，获得足够多的流量，创作者除了要创作优质的短视频内容，还要为短视频写作合适的标题。短视频标题是对短视频内容的总结，它不仅概括了短视频的基本内容，而且还要引起用户的兴趣，因此写作短视频标题是非常关键的一项工作。而在写作短视频标题时，关键词的选择也尤为重要。

1. 短视频标题的写作

很多用户在观看短视频时，除了关注账号头像、账号名称，最先注意到的往往是短视频标题。因此，短视频标题是否优质会对短视频的相关数据造成很大的影响。写作短视频标题时，创作者要按照以下要求来做。

- **不做“标题党”**：短视频标题要能体现短视频内容的主题，能够吸引用户的注意力。不过，如果单纯为了吸引用户的眼球而写作不相干的标题，就会降低用户的信任度，减少短视频的点赞量和转发量，所以坚决不做“标题党”。
- **突出重点**：短视频标题会影响短视频的点击量和完播率，这就要求标题的字数不能太多，应简洁明了，朗朗上口，让用户在短时间内就能清楚地知道短视频的主题。另外，标题字数过多也会占用过多的画面空间，引起不适的视觉感受。
- **通俗易懂**：短视频标题要形象化和通俗化，应避免华丽的辞藻和不实用的描述，要照顾到绝大多数用户的语言理解能力，添加生活化的元素。在介绍专业知识时，标题也要通俗易懂，这样用户才有可能点击观看短视频，进一步学习相关知识。
- **善用“点睛”词汇**：做“标题党”是不可取的，但如果标题过于平淡，也会对短视频的播放量产生不利的影响。要想让短视频标题吸引用户，就要有点睛之处。创作者可以在写作标题时加入能够吸引用户眼球的词汇，如“惊现”“秘诀”“福利”等，以此来激发用户的好奇心，促使其点击观看短视频。
- **站在用户角度思考**：在写作短视频标题时，创作者不能只站在自己的角度思考，更要站在用户的角度思考。创作者可以把自己当成用户，针对要推出的短视频内容，设想自己会用什么词搜索相关信息。因此，创作者在写作标题时要先将相关的关键词输入搜索框进行搜索，从排名靠前的文案中找到写作标题的规律，再将这些规律用于自己要写作的短视频标题中。

站在用户角度思考，以用户为中心，要求创作者在标题中列出用户可能得到的利益，既可以是用户在观看短视频后得到的利益，也可以是短视频中涉及的产品或服务所带来的利益等。

以上提到的是短视频标题写作的总体要求，而短视频标题的类型不同，其具体要求也不相同。一般来说，短视频标题可以分为以下类型。

（1）福利发送型标题

福利发送型标题是指在标题上带有与福利相关的字眼，或者直接带有“福利”二字，或者是运用与福利具有相同表达意思的其他词语来传递福利，如“超值”“优惠”等。这种标题准确把握了用户追求实惠和利益的心理需求，使其一看到“福利”的相关字眼，就忍不住想了解短视频的具体内容。当然，标题中提到的福利信息应当真实可信，并且点明优惠、折扣及活动等具体内容，如图4-6所示。

（2）价值传达型标题

价值传达型标题能够向用户传递看了短视频就可以掌握某些技巧或知识的信息，这类标题之所以能引起用户的注意，正是因为其抓住了用户想从短视频中获取实际利益的心理需求。一般来说，创作者要在标题中向用户传递一种学习这个技能很简单、花费时间和精力很少、技巧非常实用的观念，减少用户对学习难度的恐惧，强化用户对使用该技巧的良好预期，如图4-7所示。

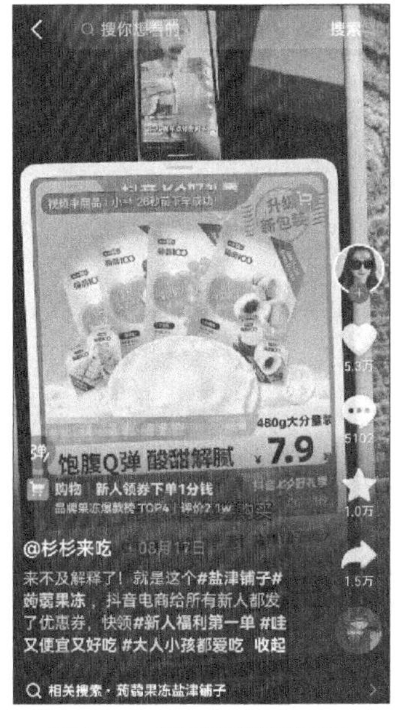

图4-6　福利发送型标题

图4-7　价值传达型标题

（3）励志鼓舞型标题

励志鼓舞型标题一般是以第一人称讲故事，讲述成功的方法、教训和经验，鼓舞性强，有很强的情绪感染力，可以勾起用户观看短视频的欲望，提升短视频的点击量和完播率。打造励志鼓舞型标题的技巧有改编励志的名人名言，挑选富有感染力、情感浓厚的词语，利用用户想要获得成功的心理，通过带有励志色彩的字眼引起用户的情感共鸣等，如图4-8所示。

（4）引发好奇型标题

引发好奇型标题主要有两类：一类是解密型标题，主要为用户揭露某个事物不为人知的秘密，甚至可以以此做一个长期专题，在一段时间内凝聚用户的注意力。这类标题的写作要突出展示真相的重要性，适当运用夸张、吸睛的词汇，也可以在标题中制造冲突，使用户认识到内容的重要性，如图4-9所示。

另一类是悬念型标题，主要在标题中制造没有被解答的疑问和悬念，使用户忍不住想弄清楚到底是怎么回事。制造悬念的方式有利用反常的现象、利用变化的现象、利用用户的欲望、利用不可思议的现象等。

（5）借势热点型标题

借势热点型标题是指借助社会热点新闻的相关词汇写作的标题，可以为短视频快速造势，提高短视频的播放量。创作者要时刻保持对时事热点的关注，懂得把握借势热点的最佳时机，不要借势负面新闻事件，要有积极向上、正能量的大方向，给用户正确的思想引导，同时要在标题中融入自己的思考和想法。

图4-8　励志鼓舞型标题

图4-9　引发好奇型标题

（6）警示用户型标题

警示用户型的短视频内容往往通过发人深省的内容和严肃、深沉的语调给用户强烈的心理暗示，而这类短视频的标题文字一般很有力量感，非常严肃，能够给用户以警示的作用，从而引起用户的高度注意。创作者在写作这类标题时，要寻找目标用户群体的共同需求，运用程度适中的警示词，但要突出展示问题的紧急程度，如图4-10所示。由于警示的内容会涉及很多用户的利益，就会使本来不想看短视频的用户可能也会点击观看。

（7）数字具化型标题

数字具化型标题是指在标题中呈现出具体数字，以数字的形式突出重点，点明结构，使用户对短视频的内容一目了然，如图4-11所示。在写作这类标题时，创作者可以从视频内容中提炼出数字标题，或者通过数字对比设置冲突和悬念，也可以按照内容的逻辑结构写作数字标题。需要注意的是，打造数字标题最好统一使用阿拉伯数字，并把数字放在标题前面。

图4-10　警示用户型标题

图4-11　数字具化型标题

2. 关键词的写作

关键词是短视频文案的核心，它不仅会影响短视频在搜索引擎中的排名，还能吸引用户点击和观看，因此创作者要谨慎选择关键词。首先，关键词要与短视频主题和内容密切相关；其次，关键词要有较高的搜索量；最后，要合理布局关键词，将其融入标题、描述和视频内容中，提升搜索引擎的匹配度。

一般来说，能够吸引巨大流量的短视频文案标题拥有多个关键词，并会对关键词进行组合。如果只有一个关键词，其排名影响力往往不如拥有多个关键词的标题。例如，如果只在标题中加入“面膜”这一个关键词，那么只有当用户搜索“面膜”这一关键词时，短视频文案才会被搜索出来；而如果标题中加入“面膜”“年轻”“补水”等多个关键词，那么用户搜索其中任意一个关键词时，短视频文案都能被搜索出来。

为了更充分地吸引目标用户的关注，创作者就要从关键词入手，考虑关键词是否含有词根。词根是指词语的组成根本，在标题中加入有词根的关键词能够有效提高短视频文案被搜索到的概率。例如，一则短视频文案的标题为“手机风光摄影技巧，长曝光拍大片”，在这个标题中“风光摄影”是关键词，而“摄影”是词根。确定了词根，创作者可以写作出更多与词根相关的标题。由于用户大多是根据词根搜索短视频，如果短视频标题中包含该词根，短视频被用户看到的可能性就会更大。

4.2.3 短视频引流文案的优化

为了提高短视频的推广效果，创作者要对短视频引流文案进行优化，主要方法如下。

1. 添加标签

标签也是短视频推广引流的重要方式，合理选择和优化标签可以提高短视频在平台上的曝光度和被推荐机会。

首先，标签要与短视频内容密切相关；其次，要注意标签的数量和多样性，适当使用热门标签和长尾标签，以拓展短视频的触达范围；最后，创作者要及时调整和更新标签，与时俱进，抓住热点话题，提高短视频的持续曝光度。

2. 文案排版优化

很多短视频画面中经常出现字幕、文案等信息，这些文字如果安排不当，位置不合理，就会影响用户的观看体验。在为这些文字排版时，创作者要注意以下几点。

文字的相对位置要基本固定，标题类的文字要在字幕的上面，字号放大，设置对比度较高的字体和颜色，同时内容应简洁明确，如图4-12所示。

创作者还可以把关键词插入短视频画面中，但要把字号放大，设置对比度较高的字体和颜色，以表示强调，从而创造出更为醒目的视觉效果，如图4-13所示。

创作者一般应把字幕放在标题文字或关键词的下面，颜色对比度要高，字体要简单，字号要相对较小。为了突出，可以加入底纹、色块等修饰元素。

另外，关键词要根据短视频内容适时出现，起到突出重点的作用，停留时间不能太长，也不能太短，一般在相关内容讲述完以后消失。短视频中有配音字幕时，要防止文字太多使用户分心，可以在重点文案出现时加入配音，在提醒用户的同时增强短视频的节奏感。

图4-12　标题类文字的位置

图4-13　关键词的位置

4.2.4 短视频封面的设计

在当今信息高度饱和的社交媒体时代，短视频已经成为人们获取信息和休闲娱乐的重要途径。面对如此巨大的流量，要想吸引用户的眼球并很好地承接流量，获得更多的点击量，设计出色的短视频封面是十分关键的。

在发布短视频时，设计短视频封面的技巧如下。

1. 使用高品质的图片

使用高品质的图片可以增加封面的吸引力，让用户更愿意点击观看。高品质图片的基本要求是高分辨率，显示清晰，颜色搭配协调。

2. 设计醒目的视觉元素

在短视频封面中要有醒目的视觉元素，创作者设计与短视频内容相关、色彩丰富且独特的封面，可以迅速抓住用户的注意力。例如，美食类短视频的封面可以选择一张诱人的食物图片作为封面（见图4-14）；旅游类短视频的封面可以选择一张令人向往的景点图片作为封面。

3. 封面要与短视频内容相符

封面要与短视频内容相符，这样用户在点击观看时可以获得与其预期相符的观看体验。封面要反映短视频的风格和氛围，反映短视频的主题，以准确传达短视频内容，让用户一眼就能看明白短视频要表达的意图。

4. 设计恰当的封面文字

在封面上添加恰当的标题或标语可以帮助用户更好地理解短视频的内容和主题，并激

发其继续观看的欲望。精心设计的封面文字可以传递短视频的核心信息，吸引更多用户的点击和关注。图4-15所示为微信视频号平台某条短视频的封面及其文字。

图4-14 美食类短视频封面

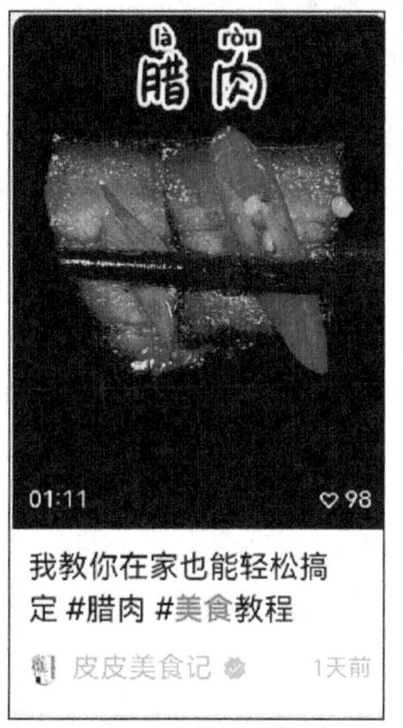

图4-15 短视频的封面及其文字

有些短视频是直接以文字标题作为封面的，既简单又清晰，能够很直接地展现短视频的主要内容，但封面背景一般是纯色的，以突出字体编排的视觉效果。例如，文字采用黄色、橙色、红色和白色这些基础又鲜明的色彩，重点文字用背景色块突出，或者添加荧光效果，这样标题在深色背景中的视觉穿透力更强，更引人注目。

5. 增加人物元素

人物是吸引用户的重要因素之一，尤其是在与人相关的短视频中，在封面中增加人物元素可以增加封面的吸引力。在增加人物元素时，要选择表情丰富且能传递情感的人物，并在封面中添加互动元素，如人物与文字的互动、人物与背景的互动等，以增加封面的趣味性。

6. 设计统一的封面模板

如果有相对统一的封面模板，账号主页风格就可以保持统一，不至于杂乱无章。创作者可以在拍摄时保持一致的画面、场景或构图，然后将这段画面作为封面。由于每个视频在发布时封面都有相似的风格或视觉效果，可以使用户一眼就能识别出这是一系列的作品。

实训案例

图4-16和图4-17分别为抖音账号“房琪kiki”和“不二旅行”主页的短视频封面，请分析两者有何异同点。在抖音平台搜索这两个账号，详细观看并分析它们的短视频，包括短视频账号信息、标题、关键词及引流文案，找出自己最喜欢的一条短视频，根据画面、台词、音乐等元素尝试写作一篇拍摄提纲。

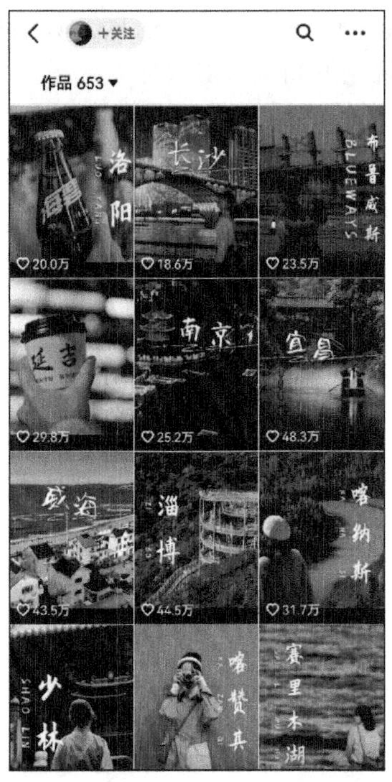

图4-16 “房琪kiki”短视频封面

图4-17 “不二旅行”短视频封面

课后思考

1. 简述拍摄提纲的写作步骤。
2. 简述分镜头脚本的结构。
3. 简述设计短视频封面的技巧。

第5章 直播文案的写作

- 了解直播话术的基本结构和写作流程。
- 掌握各种直播话术的写作方法。
- 掌握直播间账号信息的设置方法。
- 掌握直播封面的设计方法。
- 掌握短视频预告、回顾直播文案的写作方法。

【能力目标】

- 能够熟练写作各种直播话术。
- 能够熟练写作直播标题和关键词。
- 能够熟练写作图文预告文案和海报文案。
- 能够设计直播封面。
- 能够写作短视频预告、回顾直播文案。

【素养目标】

- 大力发展社会主义先进文化，加强理想信念教育，传承中华文明。
- 紧抓新一轮科技革命和产业变革的历史机遇，增强忧患意识。

随着直播行业的竞争日益激烈，直播间对主播的要求也越来越高。主播不再只是单纯地展示产品，还要依靠优质的直播话术来讲解产品，提供产品的购买建议，将产品与不同用户进行连接。除了直播话术，主播及其直播团队还要写作直播引流文案，将短视频与直播文案相互融合，共同提升直播营销的效果。

5.1 直播话术的写作

要想做好直播，有一套好的话术会事半功倍。直播话术是指主播在直播中通过语言向观众准确地传达信息，从而引导观众心甘情愿下单的一种工具。因此，直播话术的主要作用是促进成交和复购。

5.1.1 直播话术的基本结构和写作流程

直播是一种互动性非常强的线上实时传播方式，因此话术的灵活运用十分重要。为了保证直播的效果和质量，一个清晰的直播话术结构和写作流程是非常重要的。

1. 直播话术的基本结构

合理的话术结构，可以让主播更好地与观众进行沟通，提升直播的质量和效果。一般来说，直播话术的基本结构包括以下要素。

（1）开场话术

开场白是主播给观众留下第一印象的重要途径，影响观众对直播的兴趣和期待。开场话术一般是自我介绍，欢迎观众进入直播间，并简要说明本次直播的主题和目的。例如，“大家好，我是×××，今天的直播将为大家分享××的知识和经验，希望能给大家带来一些帮助和启发。”

（2）活动话术

活动话术是用来吸引观众在直播间留存的，要让观众明白做这场直播活动的原因，如果是无缘无故的降价，观众也不会相信。活动的原因可以是新开播、新款上市、节假日优惠、店铺周年庆、账号粉丝数突破某个量级等。例如，“为了庆祝账号粉丝数突破10万，来，我今天发送一波宠粉福利。”在确定活动主题后，主播可以采用买赠（买一赠一、买多赠一、买一赠多）或抽奖（福袋抽奖、转盘抽奖、截屏抽奖、免单）等方式来提供优惠或福利。例如，“今天全场满200元减40元，不定时抽新品手机，千万不要走开！”

（3）主题展开话术

主题展开是直播的核心部分，主要是对直播主题进行详细讲解和展示。主播可以结合自身的经验和知识，以及相关案例和数据进行深入的阐述和解析。例如，主播可以运用图表、实物展示、动画等方式来增加直播的视觉效果，使观众更好地理解和接受直播内容。

如果是电商直播间，主题展开话术一般是指产品介绍话术，阐述观众的痛点并放大，然后介绍能够解决该痛点的产品，讲解产品的核心卖点并与竞品做对比，以突出产品。例如，“我手上这款产品是被很多名人推荐过的，×××同款，放心购买，好评率达99%。”

（4）互动话术

在互动环节，主播可以通过与观众互动来增加直播的趣味性。主播在互动环节一般是提出互动、回答观众的问题、发起投票或抽奖等，整体氛围要求轻松愉快，让观众感受到主播的亲切感，产生情感共鸣。例如，“新来的朋友们，给主播点点赞，点赞到1000时主播给大家送福利。”“有没有想要的，想要的评论×××。”

其中，进行互动的一种方式为提问，提问有多种类型，如封闭式问题、选择式问题、

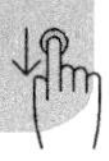

问题拓展等。

① 封闭式问题

封闭式问题是各直播间较常用的一种提高互动率的方式，为了让观众方便回答问题，主播在提出问题时，答案应当是肯定或否定的，如“是”或“不是”，“能”或“不能”等，不要问一些很烦琐的问题，以免出现冷场。

② 选择式问题

选择式问题就是给观众抛一个选择题，观众选择其中的一个选项即可，发言成本很低，因此观众可以迅速参与到互动中。例如，“我们这个款式的服装一共有5种颜色，有黑色、白色、棕色、蓝色和咖啡色，大家可以把自己想要的颜色发在评论区，我看看喜欢哪种颜色的人多一些。”

③ 问题拓展

主播可以与运营人员或助理互相配合，由运营人员或助理在评论区问观众可能关心的问题，然后主播由点到面地进行拓展讲解。例如，当观众在某知识讲解类直播间提问：“我的基础比较弱，只看视频能学会吗？”主播不能回答：“没问题，肯定能学会，放心吧！”而最好这样来说：“你好，×××，我看到你的问题了。首先，我们的课程是专为初学者提供的，因此零基础也没关系；其次，我们的课程安排是循序渐进的，只要在学习时按照课程安排一步步学下来，相信过不了多久就能够达到中级水准；再次，我们还安排了助教，如果大家在学习的过程中有什么问题，可以随时与助教交流；最后，即使大家学习周期比较长也不要担心，我们的课程在购买后是不限时、不限次数的，可以永久回看。并且，我们还保证3天内无条件退款，大家可以放心购买。”

在提出互动问题时，主播要特别注意该问题是否会暴露观众的缺点。例如，“有没有个子矮，想要增高的朋友，个子矮的在评论区扣1！”“你们的孩子是不是在××方面比较差，比较差的在评论区扣1。”这种暴露缺点的问题很少有人愿意互动，所以要更换语言表达方式：“有没有朋友想成为像××那样的好身材？有的话请在评论区扣1。”“有没有家长想让孩子在××方面更加出色，让孩子的学习能力更上一层楼？有的话请在评论区扣1。”

由于经验不足，很多新手主播往往存在语言单一的问题，连续很长时间一直使用同一个语言表达句式，如“有没有想要福利款的朋友，想要的在评论区扣1啊。”这种语言表达句式一般每半个小时使用一次即可，使用太多会让观众感到乏味与单调。以半个小时为一个直播互动单元，这期间至少要准备6～10组语言表达句式，等到半个小时后直播间的观众可能会更换一大批，此时再循环使用这6～10组语言表达句式，这样观众才不会觉得主播一直在重复表达。

主播要分清强迫和紧迫感的区别，要给观众增加购买下单的紧迫感，而不是强迫观众下单。例如，“朋友们，我们真的很难，你们多买几件，我们就能喘口气，你们也不想看着我们直播间越来越不行，对吧？”这种强求观众购买下单的语气和态度可能会让观众十分不满，只有站在观众的角度考虑，使观众觉得不赶快下单就会有损失，才有可能说服观众购买。

如果主播提供的优惠与互动行为实际上没有任何关系，或者主播不具备承诺兑现基础时，就会被系统判定为“诱导互动”。互动行为与获取优惠存在关系，是指需要先互动才能获取优惠，如果不需要互动也能获取优惠，那么主播引导互动的行为就会被判定为“诱导互动”。例如，主播说：“进来的朋友关注一下我们的直播间，今天这款福利产品只卖给粉丝朋友们！”但实际上观众无论是否关注该账号都能购买产品，所以“关注直播间”与“购买福利产品”之间没有关系，这就是典型的“诱导互动”。

不具备承诺兑现基础是指主播无法按照所承诺的方式给观众提供福利。例如，主播说："进来的朋友们点下右上角的关注啊，这份福利只送给今天点了关注的人！"但实际上主播几乎没有时间和途径来获取所有今天点了关注的观众信息，因此无法按照其所说的方式兑现承诺，这也属于"诱导互动"的行为。主播可以这样说："感谢大家给我点关注！点了关注就是一家人了，今天我必须给家人们送一波福利。来，家人们听好了，这个×××，我今天9.9元分享给大家！"

（5）憋单话术

憋单是指主播选择一款非常有吸引力的产品，设置一个较低的价格，并不定时以上库存的方式进行销售，从而吸引观众停留在直播间，等待下单。

主播在憋单过程中要利用一些语言技巧使观众积极参与互动，从而提高直播间的权重，获得更多的流量。同时，主播要控制好库存，使一小部分观众买到产品，而没有买到产品的观众就会等待下一次上库存，从而增加其停留在直播间的时长。

憋单不只是销售低价产品那么简单，需要完整的流程，以持续吸引观众的注意力。

第一步是上福袋，福袋的倒计时不要设置得太长，能把产品介绍清楚即可，一般在2分钟以内。

第二步是介绍产品，要把产品介绍得非常有吸引力，并强调这是给观众的福利，所以价格不高，数量有限，但不要报出具体的价格，以保持吸引力，等直播间人气增长放缓时再放出价格。

第三步是设定上库存的条件，以提高直播间的互动率，进而提高直播间的权重。例如，"想要这个福利的朋友在评论区扣1，数量达到100就给大家上库存。"

第四步是争取出介绍利润款的时间，因为此时观众正在等待憋单款产品上库存，主播可以对后台工作人员说："评论区扣1的太多了，我数不过来，后台工作人员帮我统计一下，有100个人扣1咱们就上库存！"然后趁着这段时间介绍利润款产品，由于此时直播间流量较高，很容易获得订单转化。

第五步是上库存，报出价格，价格要低，上库存的量要设置为直播间人数的1/10，并在发链接之前强调："没有买到的朋友，还可以继续领福袋，一会还会上库存，大家还有机会。"在观众下单之后发福袋，然后继续重复第二步到第五步，直至直播结束，使整场直播都有福利来吸引观众观看直播。

为了既提高产品对观众的吸引力，又提前预防观众买不到产品而心情激动，主播可以参考下面的话术。

"第一次来我直播间的朋友，还有没有没买到我身上这款独家设计的珍珠连衣裙的，没买到的扣个'没'字。朋友们看一下，是不是很显瘦？气质独特？再给大家拿近看一下，都是双包边双走线的。线下实体店卖299元，今天在我的直播间只需一杯咖啡的价格就能让你带回家，实惠不实惠？来，后台工作人员准备上库存。"

（6）热卖话术

热卖话术有两个关键点，一是引起观众强烈的好奇心，找准时机宣布价格，让观众觉得物超所值；二是强调促销政策，包括现金返还、随机免单、抽奖免单等，让观众的下单热情达到最高点，促使观众集中下单。例如，"家人们，这款衣服的价格有多优惠我就不多说了，重点是款式和质量，你买回去根本不会撞衫，如果想上班穿得又飒爽英姿又有质感，就不要错过这一款。而且这款衣服显瘦，体重65千克的人穿上去看起来也就50千克左右。"

（7）追单话术

有的观众在下单时犹豫不决，这时主播就要使用追单话术，刺激观众下单，其关键是营造紧迫感，让观众觉得现在不买就会错失良机。例如，“5-4-3-2-1，上架！大家抓紧下单，还剩余最后100件，（场控配合报库存）各位朋友，不要犹豫，直接下单，过了今天就没有这个价了。”

（8）下播话术

在直播结束时，主播要对整场直播进行总结和收尾，回顾直播内容，并对下一次直播进行展望，邀请观众留下反馈意见。下播话术可以给观众留下深刻的印象，促进后续的互动。例如，“感谢大家的观看和参与，如果大家有任何疑问或建议，欢迎在评论区留言，我们下次直播再见！”

除了上述提到的话术结构，主播还可以根据自己的直播内容和风格进行灵活调整和创新，例如，在主题展开的过程中增加案例分析和实践演示等环节，在互动环节中增加分享活动等形式，以增加直播活动的吸引力和参与感。

2. 直播话术的写作流程

直播话术的写作流程主要包括6个步骤。

（1）了解产品

- 了解产品所处的类目，以及该类目中的一些违规词或“红线”，以防止在写作直播话术时加入违规词，造成直播间违规的情况。
- 了解产品所属类目的市场趋势，以及其最高价和最低价，即价格区间。
- 了解产品卖点及其能解决的需求痛点。
- 了解供应链，看自己是否具备供应链优势，如果具备供应链优势，就可以放到直播话术中展开描述。

（2）货盘结构设计

为产品定价、排品并组品后，直播团队可以将直播间的货盘结构划分为福利款、主推款、对比款、利润款、形象款等。福利款一般占比10%，主要是为了回馈直播间的粉丝，同时安排抽奖活动；主推款一般占比30%，应是直播间爆款，利润率不高，但客户群体大，量级大；利润款一般占比30%，利润高，与主推款做好搭配进行关联销售，提升收益；对比款一般占比20%，与主推款相似，但价格高于主推款，以衬托其他产品的性价比；形象款一般占比10%，属于高利润款，主要是为了提升直播间的形象，可以不介绍该产品。

在日常盘货过程中，主播可以准备一份产品信息表，把要上直播的产品都登记进去，这样一目了然，便于后期跟进与管理。

（3）活动设计

活动设计主要包括在什么时间介绍产品，发放福袋、粉丝券，活动的预算如何分配，产品如何与活动搭配更有效果等。

（4）话术大纲

话术大纲主要用于设计整体话术流程的框架。在做话术大纲时，主播可以使用思维导图来梳理，如图5-1所示。

（5）话术定稿

确定话术大纲后，主播要以自己觉得合适的方式完善直播话术，直至最终定稿。

（6）复盘优化

话术定稿之后，主播要运用到实际的直播活动中，并根据相应的数据进行复盘，在这一过程中不断地调整原有的话术框架，不断地进行优化。

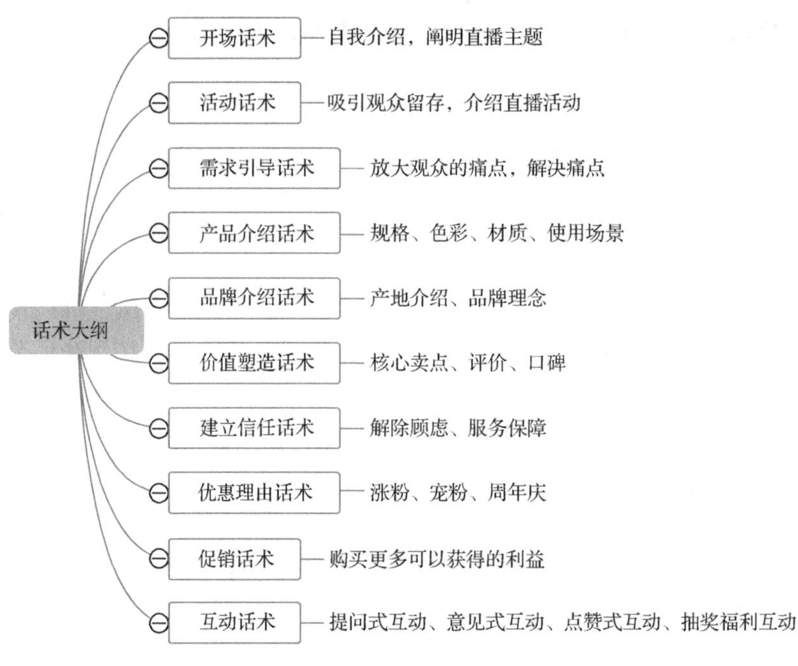

图5-1　话术大纲

5.1.2 产品讲解话术的写作

某头部主播旗下账号在一次直播中推荐一款牛排，主播在镜头前展示带有包装的牛排，仔细讲解牛排的属性，还用手机播放制作牛排饭的步骤，生动形象地展示用该牛排产品制作餐食的方便与快捷，并重点强调该产品“想吃即做”的便捷性，同时用背景屏幕展示该产品的规格、保鲜期等信息。在讲解过程中，直播间安排了福袋，观众只要输入特定字句就能获得抽奖的资格，这无疑提升了观众参与互动的积极性，观众纷纷在直播间的评论区留言，整个直播间的互动氛围十分热烈。

在直播过程中，主播利用FABE法则向观众讲解了该牛排产品的特色：“这款牛排是腌好了的，而且是微腌，不会盖过牛排本身的香味，一般2～4分钟就能做好。（拿出手机）大家看这个操作说明就可以很快学会。平时您下班后，如果饥肠辘辘，时间比较晚，就可以直接给自己煎上这样一片牛排，一会儿就可以吃了。只要有这款产品，就可以快速吃到香喷喷的牛排，十分方便。这款牛排原产地为阿根廷，是真正的原切牛排。”

在热烈的互动氛围中，该款牛排很快销售一空。

要想促进转化，产品就必须具有足够的吸引力，而产品讲解话术对产品卖点的传递及产品的转化率有着至关重要的影响。

主播在写作产品讲解话术时要抓住关键点，重点描述观众想要了解的内容，要以观众需求为中心。产品讲解话术的写作要把以下几个方面作为重点。

- **品牌故事：**与观众分享品牌成立和发展过程中有意义的事件，展现品牌理念，深化观众对品牌的认知，增强品牌的吸引力。
- **成分材质：**产品的成分和材质是否对人体有害，质量是否合格是人们在购买产品前

十分想要了解的问题，讲解成分材质可以让观众放心购买。

- **功能特点**：功能特点是产品的卖点，主播要如实介绍产品的功能特点，不做虚假宣传。
- **产品展示**：主播可以展示产品的外观设计、质地、使用方法和使用效果，使观众对产品有更直观的了解。在展示产品时，主播要从各个角度全方位地进行展示，先用远景展示产品的整体效果，再用特写展示产品质地、纹理、做工等细节。
- **亲身感受**：主播通过试用可以向观众分享自己的亲身体验，实时反馈，增强观众对产品的信任感。
- **竞品对比**：与市场上的同类竞品做对比，凸显其差异，放大自身产品的优势。
- **描述场景**：对于无法直观展示的产品信息，主播可以通过场景式描述引发观众的联想，激发观众的想象力，以加深观众对产品的认知，引导其下单购买。
- **售后服务**：主播在展示完产品后，要及时说明产品的售后服务，以消除观众的顾虑，吸引更多的观众下单购买。

直播产品丰富多样，每种产品的讲解话术都是有所区别的，主播在设计直播话术时要围绕产品营销的核心逻辑，即“让观众了解产品——让观众需要产品——让观众购买产品”，然后灵活运用不同的讲解方法对产品进行有针对性的讲解与推广。在写作产品讲解话术时，主播可以运用不同的讲解方法。

1. FABE法则

很多主播在直播间讲解产品时没有条理性，东一句，西一句，没有主线，自然无法抓住观众的注意力，也无法吸引更多的观众。主播可以采用FABE法则的4个关键环节，巧妙地处理好观众关心的问题，从而顺利地实现产品销售。

FABE法则的4个关键环节如下。

- **F—特征（Feature）**：材质、成分、工艺、技术等。
- **A—优势（Advantage）**：由特征决定的该产品所具有的不同于竞品的优势。
- **B—好处（Benefit）**：由前两个环节决定，主要是产品可以给观众带来的利益。主播在讲解好处时要具体化、场景化。
- **E—证据（Evidence）**：证明产品优势、好处和特征等卖点的证据，包括成分列表、专利证书、产品实验、销量评价、行业对比、权威背书等。

例如，主播在讲解某款雨伞时，用FABE法则提炼该雨伞的卖点如下。

F：抗风、防水好、防晒指数高。

A：小巧易携带，比手机还轻。

B：随身携带或随包携带，不占用空间。

E：手机和雨伞的对比展示。

产品讲解话术为：“朋友们，我们这款雨伞采用××材质制作，具备××等级的抗风、防水和防晒，非常小巧，重量比手机还轻，随身携带或随包携带是没有任何问题的，一点儿也不占用空间。（展示）你们看，这款雨伞是迷你型的，没有打开时的大小和手机差不多，打开以后的大小也是非常适中的。××雨伞，揣兜就走，随时为你遮风挡雨。”

2. 产品讲解“五步法”

产品讲解“五步法”主要分为提出问题、放大问题、引入产品、提升高度和降低门槛5个步骤，如表5-1所示。

表5-1 产品讲解“五步法”

“五步法”	说明	话术举例
提出问题	结合消费场景挖掘观众的痛点和需求，给观众一个购买的理由	不知道大家在面试时是否有这样的困扰，总是不知道自己该穿什么风格的衣服，也不知道如何进行搭配
放大问题	将观众容易忽略的问题和存在的隐患尽可能地放大	面试失败不只是产生挫败感，还会导致人很长时间振作不起来。面试成功的关键在哪里呢？其中之一就是给面试官留下良好的第一印象，这样成功率才会更高
引入产品	引入可以解决观众痛点的产品	面试时的自我形象是十分重要的，穿着搭配对个人形象有很大的影响。在参加商务面试时，要穿得成熟、干练，一般要用黑色西装搭配皮鞋，这样会有较强的职业感。我在这里给大家推荐的这款服装就很适合商务面试，经典的白色衬衫+黑色西裤搭配，既简洁又大方，让人充满自信
提升高度	详细讲解产品，从各个角度提升产品附加值	这款西装材质柔软，款式新颖，穿着舒适，质感十足，在素雅、简洁中透出大气。如果有的朋友不喜欢黑色，也可以穿灰色，同样很得体
降低门槛	讲解产品优势和优惠活动，让观众产生购买的想法，打破观众的心理防线	看来大家都很喜欢这款西装，今天我给大家带来惊喜，原价598元，今天直接降价200元，只要398元，大家赶快购买吧

3. 产品讲解“三步走”

产品讲解的关键是将产品优势表达出来，让观众觉得自己确实需要该产品，这样才能打动观众，促使其购买产品。

产品讲解可以分三步走，分别是说明产品与观众有关，说明观众选择产品的理由，以及说明观众现在购买的理由。

（1）第一步：说明产品与观众有关

主播要分析观众的心理，观众之所以进入并关注直播间，是因为主播推荐的产品与自己有关。主播要清楚观众是哪一类人，有何特点，这样才能进行有效沟通；同时，主播要清楚观众面临的问题，或者他们心中的渴望，并告诉他们需要做什么事情或需要什么产品。主播要尽可能地让观众意识到购买质量不好的产品的后果，以激发其对主播推荐的产品产生切实的需求。例如，“家人们注意看，这个鞋子的底部我们做了防滑处理，而且我们的材质和普通防滑材质不一样，大家可以看下自己的鞋底是否做了防滑处理。如果没有防滑处理，一旦下雨，走在路上很有可能滑倒受伤，或者弄脏衣服。而穿上我们这款防滑鞋，即使路面潮湿有水也不用担心滑倒，而且穿起来轻便、省力，是外出游玩时的不二之选。”

（2）第二步：说明观众选择产品的理由

让观众选择产品的理由主要有3个，分别是独特性、价值性和可靠性。

- **独特性**：主播要说明自己推荐的产品及品牌定位，让观众意识到该产品是这一品类中最好的，或者是独一无二的。
- **价值性**：主播要说明产品的价值特色，即该产品可以给观众带来一些独特价值。
- **可靠性**：主播要强化产品的信任优势，让观众明白该产品是可信、可靠的。例如，“我做这一行已经很多年了，十分了解服装的流行趋势。目前市场上比较流行的款式中，我正在推荐的这一款是非常受欢迎的。这款服装穿在身上显得十分有档次，还凸显身材。”

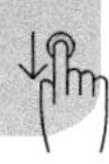

（3）第三步：说明观众现在购买的理由

在说明观众选择产品的理由后，如果观众仍然犹豫，主播就可以说明观众现在购买的理由。主播可以提前用生动的语言把观众使用产品的效果描述出来，引发观众的联想，增强观众对产品的感知，从而激发观众的购买欲望。例如，“这款小型自动洗衣机外观小巧，放在阳台、浴室都不会占太大空间，你在刷牙、洗脸的时候就可以直接启动它，等你洗漱完毕就差不多可以晾晒了，是不是超级方便？”

另外，如果主播让观众感知到购买其推荐的产品是物超所值的，比购买其他主播推荐的产品更实惠，那么观众购买的可能性就更大。

4. 强化产品价值法

促使观众下单的核心要素就是产品，要让观众觉得“这个产品超值，不买就亏了”。因此，主播在直播过程中要利用话术强化产品价值。

（1）进行对比

主播可以通过横向对比和纵向对比来突出产品的价值，而观众在有了参照物以后，可以很直观地感受到主播所推广产品的真实价值。

① 横向对比

横向对比是对同一件产品在不同销售环境下的价格进行对比，使观众感受到直播间的价格优惠程度。例如，主播可以展示产品在线下门店销售时的较高价格，这样直播间的低价就很有说服力。“大家看到了吧，这款产品在线下门店通常是××元2支，现在直播间做活动，同样的价格可以买到5支，是不是很值？”

② 纵向对比

纵向对比是指在直播间展示同一类、不同档次的产品，并分别介绍其价格。在介绍价格时，要按照价格从低到高的顺序，因为观众往往对价格较低的产品更感兴趣，这样做可以防止直接上高价位产品导致观众流失。当主播介绍高价位产品时，在前面低价位产品的衬托下，观众就更容易认识到高价位产品的价值。

（2）带入用户的肯定

俗话说“金杯银杯，不如用户的口碑”，良好的口碑可以起到良好的宣传作用，让观众自发宣传推广。主播在讲解产品时可以带入使用者的肯定，向观众分享其他使用者的好评，从而增加观众对产品的信任度。例如，“这件衣服我卖了将近5000件了，好评率达99%。”

（3）成本拆解

主播在介绍高价格产品时，可以把产品的成本拆解开，使产品的高价落到实处，让观众感受到其超高的价值，觉得物有所值。例如，“这么说吧，这款外套的面料成本是每米100元，而我做这件外套需要5米的面料，再加上人工成本，大家可以算一下，我说的这个价格的确是真心诚意的优惠价了。”

（4）价格分解

主播在介绍高价格产品时，可以把价格按照天或年来进行分解、均摊，从而使观众降低对高价的敏感性，觉得该价格合情合理。例如，“很多人说这个柜子价格高，但这个柜子的质量很好，至少可以使用十几年，未来很长一段时间你都可以体会到这个柜子给自己带来的方便，每天都能看到这么漂亮的柜子，朋友来家里拜访也会称赞你的品位高。这个柜子现在的价格为5800元，即使只使用10年，算下来每天也就花费1.6元左右，真的很划算了。”

（5）营造使用场景

主播可以描述产品的使用场景，利用场景来证明产品的价值。例如，“朋友们，这件职场外套，不管你是什么身材，一穿在身上，职场范儿立刻就有了，并且可以提升你整体的职业形象。”

主播还可以亲身示范，一边介绍产品一边讲述自己的使用感受。例如，“这款蜂蜜茶非常好喝，我喝了一个多月了，每天早上一大杯，最近嗓子疼痛的症状也得到了缓解。如果大家有经常讲课或长时间直播的，可以试一下，效果真的好。”

5.1.3 节目访谈话术的写作

某抖音主播一直致力于在直播间实时采访品牌创始人，并根据直播录屏视频制作了“对话创始人”栏目。

主播在采访“欢喜烧麦”创始人时，其主持访谈的话术主要包括：“欢迎您做客我的栏目。‘欢喜烧麦’始创于哪一年？”“我们为什么会选择这样一个细分赛道来深耕？”“您创立‘欢喜烧麦’的初心是什么？”“我们的产品与竞品的差异到底在哪个地方？”“2020年您开办了第一家直营店，短短3年的时间，现在门店数量近百家了。去年年初，贵公司获得了头部基金440万元的战略投资，那我们下一步的品牌发展战略是什么？”“原来您在一些知名企业担任要职，差不多也有近10年的时间，后来自己出来创业。您觉得创业者需要具备什么样的创业素质更容易成功？”“您觉得自己是一个什么样的人？”“好了，感谢您做客我的栏目，也祝愿‘欢喜烧麦’越做越好！”

经过主播的主持和引导，“欢喜烧麦”创始人侃侃而谈，使观众了解到该品牌的详细内容，同时也了解到相关行业的商业信息，满足了观众的求知欲。在这一过程中，品牌的知名度也借助直播及其切片视频获得提升。

节目访谈是指主播在直播时以访谈的形式，利用第三方视角阐述观点和看法。例如，采访行业中的意见领袖、特邀嘉宾、专家等，利用第三方的观点来提高产品信息的可信度。节目访谈可以传递企业文化，提升品牌知名度，塑造良好的企业形象。

节目访谈以主播提问和嘉宾解答为主，因此主播要选择恰当的话题，找准谈话的切入点。作为主持人的主播，要具备敏捷的思维、灵活的调度和驾驭能力、较强的口语表达和归纳总结能力。

要想做好节目访谈，主播首先要明确自己的采访目的，其次要了解采访对象，最后在此基础上写出采访提纲。采访提纲的写作要考虑如何开始访谈、提出哪些问题、问题之间的关系、问题的深浅、如何有效提问，以及如何结尾等问题。

整个节目访谈的流程包括开场问好并介绍主题、嘉宾介绍、分享事迹、升华主题、结尾等，在各个环节都有特定的话术，以帮助主播顺畅地进行沟通，成功地完成访谈工作。

（1）开场问好并介绍主题

例如，“亲爱的观众朋友们大家好，欢迎来到××访谈节目，我是主持人××，读万卷书不如行万里路，行万里路不如阅人无数，阅人无数不如名师指路。今天我们非常有幸地邀请到国内创业导师××来到现场，为我们详细解读××话题，为大家提供宝贵的创业建议，分享鲜为人知的创业故事。”

（2）嘉宾介绍

这部分要强调访谈嘉宾的教育背景、工作背景、个人亮点、杰出成就和荣誉称号，总之要说清楚嘉宾的基本信息和突出亮点。

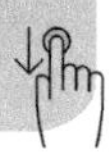

（3）分享事迹

主播要根据访谈人物的不同，可以询问其杰出贡献、创业成功经验、行业专家视野等，嘉宾自述后，主播再进行补充和提炼关键词。

分享事迹可以分为两大维度，一是纵向维度，谈过去、说现在、望未来。例如，“欢迎您做客我的直播间，您能分享一下当初的创业经历和公司名字的由来吗？”“那您能不能再给我们讲一讲这十年的发展历程中，对您本人、对您公司来说至关重要的一次选择？”“现在贵公司在整个行业中处于一个什么样的地位？”“听了您的讲述，我觉得创业真不是一件简单的事情，下一个十年您有什么规划？”

二是横向维度，即对嘉宾本人有什么影响、对他人有什么建议。例如，“在您看来，您的哪些能力或经历在创业中是最关键的？”“现在有雄心的年轻人要想创业的话，您有什么建议吗？”

（4）升华主题

主播可以先总结嘉宾的经验故事，进一步升华主题，把嘉宾说的内容再做一次延伸，总结性地为观众给出建议。例如，“朋友们，与××先生的对话让我们意识到创业的选择千千万，看法千千万，可创业的初心永恒不变。在创业过程中，我们要正确看待困难，与志同道合的朋友携手前行，方能收获属于自己的璀璨星河。”

（5）结尾

节目访谈的结尾主要是感谢观众的观看和嘉宾的做客。例如，“最后，再次感谢××先生做客我们的访谈节目，也谢谢各位观众的观看，我们下期节目再见。”

5.1.4 知识分享话术的写作

某模特教学账号“艾模儿”的主播在直播间向观众介绍价值199元的模特必修跟练课，直播一开始，主播热情地向观众打招呼，并向观众介绍了自己的身份，她是某公司旗下的专业模特老师。

很快，主播就引入主题，开始向大家介绍直播的大致内容，那就是教大家学习模特，并强调了学习模特的重要性。“现在人不仅要注重外在的美，更要注重气质美。而模特练习对个人气质的提升有很重要的推动作用。而且模特的学习对身体锻炼也很重要，身体不健康的话，何来‘美’一说呢？”

通过互动，主播了解到来直播间的观众都很想学习模特，便问大家：“大家学习模特的过程中是不是遇到过这些问题？例如，姿势不正确，训练没一会儿就觉得身体疲劳，甚至肌肉拉伤？这其实是基本功不扎实的原因。在直播间跟我练习，我相信大家会有很大的提升。”主播提出观众遇到的痛点，激发了观众的共鸣，直播间的气氛很快就热烈起来，观众纷纷发送弹幕，表示主播所言极是。

于是，主播开始详细介绍模特的干货知识，同时向观众介绍模特必修跟练课。“模特需要学习的地方太多了，我在直播间所讲的内容只是九牛一毛，如果大家想学得更细致，可以跟着课程学。”“所有课程都是跟练课，对镜跟练，有背面的，有正面的，喊口令练习，一遍一遍地练习，每次练习都有不同的角度，最后综合起来进行练习。课程总共有225节课，只需199元，每天一练，提升自己的气质。”“模特必修跟练课，意思是说，只要学习模特，这些课是必学的。”“199元，225节课，大家觉得值得，可以在评论区扣‘值’。如果大家都觉得值，我就给大家分享两节课。”

主播为了更快促进成交，使用了对比话术，例如，“199元并不多，你平时出去吃一顿大餐就花完了，而这些课程可以永久回看，不限次数，性价比是非常高的。”

知识分享类主播在分享知识时，不能单纯地讲述知识，还要将知识分享与产品推荐结合起来，利用知识激发观众的购买欲望。

以教文学书评写作为例，主播可以通过销售写作课程获得收益。在分享知识、干货时，主播可以按照以下流程来写作知识分享话术。

（1）抛出直播主题

主播在开场寒暄、留人之后，正式进入干货讲解环节，并在一开始就抛出主题。

例如，“今天我要跟朋友们分享三个主题：一是如何深度阅读文学作品，做到过目不忘；二是如何写出一篇优质的文学书评；三是书评写好后应投稿到哪些平台。”

（2）击中观众痛点

主播要准确了解观众的痛点，并在直播中阐述清楚，用恰当的语言击中观众的痛点。知识分享类观众的痛点一般是由于缺少某种知识或技能而在生活或工作中遇到困难，主播可采用设问的方式委婉地提出观众遇到的困难。

例如，“朋友们，大家有没有喜欢阅读文学书，却不知道如何写读后感的，甚至不知道什么是书评？或者会写作，但稿子压在手里，不知道如何投稿赚稿费？这是因为大家对这方面信息了解得太少。”

（3）提出解决方案

击中观众痛点后，主播要及时提出解决方案，使观众找到解决问题的办法，这样就迅速激发了观众下单的欲望。

例如，“你在我的直播间停留10分钟，我给你逐个讲解，从阅读到投稿变现，手把手教你将读过的书变成真金白银，实现书中自有黄金屋。”

要注意的是，在直播间要规避敏感词，如“钱”“金钱”“人民币”等，而是用其他浅显易懂的词汇来代替。

（4）讲干货

在讲干货的环节中，主播讲透一个知识点后就要引导观众关注、亮灯牌，让粉丝进群。另外，主播不要把所有干货一次性都讲完，应当让观众了解到课程的价值，然后促使观众为了学习更多干货而付费。

在这个过程中，主播不能表现得过于着急，而是通过不断地引导，牢牢把握住进入直播间的观众，而且讲解的知识点要在付费课程中有所体现，也就是说，直播间内的干货讲解是在做售前推荐，为自己的产品做讲解。

（5）销售成交

经过一段时间的干货讲解后，观众可能已经产生了购买的想法，在思考要不要下单。这时主播不要继续停留在讲干货环节，而应转向销售成交。

例如，“来，朋友们点击小黄车——××老师的《文学书评写作课》。××老师做了5年自媒体，读书写作5年，非常热爱阅读文学书，写过超100万阅读量的爆款文章，他将自己所有的写作实战经验总结出来并制作了这个课程。现在直播间只卖××份，卖完就下架，想买的抓住机会啊！”

5.1.5 活动展览话术的写作

2023年，第109届全国糖酒会在深圳举行（以下简称“秋糖会”），其中食品饮料专区在深圳富临大酒店举办，参展企业可以通过申请获得展位，展位设置在富临酒店的各楼层

客房。

抖音账号“火爆食博会”在直播秋糖会时采用走播的形式，在各个展位展示产品和品牌。主播在帮助品牌商推广的过程中积极对接品牌商、经销商和采购商，同时为品牌商介绍各种产品。另外，为了避免直播间受限制，主播需要及时提醒品牌商不要说敏感词。

主播在邀请品牌商进入直播间时也会给观众提示，例如，“欢迎×××进入直播间。×××就是咱们的品牌商。欢迎她给大家介绍一下产品。”“正在邀请品牌商进入我们的直播间。”

为了对接品牌商、经销商和采购商，主播建议大家在评论区评论：“在评论区扣111的就是咱们的品牌商，想对接这家品牌的，在评论区扣888。”

主播创建的粉丝群是更有效的资源对接工具，为了促成双方的交易，主播积极沟通，建议品牌商关注直播账号，进入粉丝群。例如，“麻烦品牌商们动动小手点点关注，然后进入粉丝群，群内会有丰富的对接资源。（进入粉丝群后）进群后大家可以发送图片，展示产品细节。”

主播走到展位时，会为品牌商介绍产品。例如，“鱿鱼仔Q弹有嚼劲，来，给大家品尝一下。”“椰子羊奶、巧克力羊奶，三连包，每包的规格是206克。有需要的进群联系这个品牌商。”

活动展览逐渐成为企业宣传、产品推广、业务拓展的重要手段，借助活动展览直播，企业可以在不同地区的观众面前展示自己的产品，吸引更多的潜在客户，提升品牌的知名度。

活动展览直播的主播要具备良好的语言表达能力，可以与观众进行有效沟通，也要对所展示的产品有深入的了解。

在整场活动展览过程中，主播在流程的各个环节的话术包括开场白、品牌商介绍、产品介绍和结束语总结等。

（1）开场白

主播在直播一开始就要说出开场白，向观众介绍活动展览的情况和本次直播的目的。

（2）品牌商介绍

主播要介绍展会中的品牌商，让观众了解品牌商的产品品类和行业地位。介绍品牌商之后，主播可以帮助品牌商对接商业资源，找到精准的经销商和采购商，方法主要是让经销商和采购商在评论区发送特定口令，然后让品牌商负责人关注这些意向客户，也可以拉品牌商、经销商和采购商的负责人进粉丝群，让他们在群内沟通。

例如，“想要对接品牌商的朋友，请在评论区扣111+地区，看一看你们所在的地区是否可以合作，可以的话我会让品牌商关注你。”

（3）产品介绍

主播要详细介绍各个品牌商的产品，展示产品的特征和优势。例如，“这款面包是全新的咖喱肉松味。（试吃之后）吃起来很厚实，味道非常不错，零售价只有3元，怪不得受到大家的欢迎。”

主播可以和品牌商相互配合，引导品牌商介绍自己的产品。例如，某主播在介绍嚼绊酸奶产品时，向品牌负责人提问：“请问你们当初推出嚼绊酸奶的初心是什么？”品牌商负责人回答：“牛奶市场有常温、低温等领域，现在大企业已经占据得差不多了，我们推出嚼绊酸奶，主要是做创新，走新概念赛道。”

在直播互动环节，主播要积极回答观众提出的问题，与观众进行互动与交流。例如，当意向客户在评论区询问××市能否合作时，主播应及时询问品牌商负责人，然后根据品牌商负责人的回答回复意向客户；当意向客户询问是否能发送样品时，主播根据品牌商负责人的肯定回答回复道："品牌商好大气啊，只要发地址，就给你发送样品。"

（4）结束语总结

主播在直播即将结束时，可以对本次直播的内容进行回顾和总结。如果活动展览持续好多天，主播可以在直播结束时预告第二天的直播内容，号召大家准时收看第二天的活动展览直播。

5.2 直播引流文案的写作

优质的直播引流文案可以提升直播间的曝光度和流量。在写作直播引流文案之前，主播要清楚自己直播的目的，确保自己发布的引流文案与直播主题、内容相关，且趣味性较强。直播引流文案的写作主要涉及直播间账号信息的设置、直播标题和关键词的写作、图文预告文案的写作、海报文案的写作和直播封面的设计。

5.2.1 直播间账号信息的设置

如今很多短视频平台都带有直播功能，由于第4章已经介绍了短视频账号信息的设置方法，直播账号信息的设置方法与短视频账号相似，在此不再赘述，而是重点讲解直播开始前的账号信息更新。

在正式直播开始前，大多数短视频和直播账号都会进行大量的宣传。一般来说，具有直播功能的短视频账号在正式直播开始前会进行以下操作。

（1）改账号名称

主播可以在正式直播开始前一周，将短视频账号的名称改成与直播预告相关的名称，这样用户在搜索主播账号或进入主播的短视频账号主页时，可以直接看到直播信息，如图5-2所示。一般来说，短视频账号名称的更改次数为每天2次，超出次数限制后无法更改，只能等到第二天再做更改，因此主播在更改账号名称时要谨慎，以防出错后影响直播预告效果。

图5-2　改账号名称

（2）改账号简介

主播还可以在账号简介中提到直播并预告直播主题、福利等，如图5-3所示。

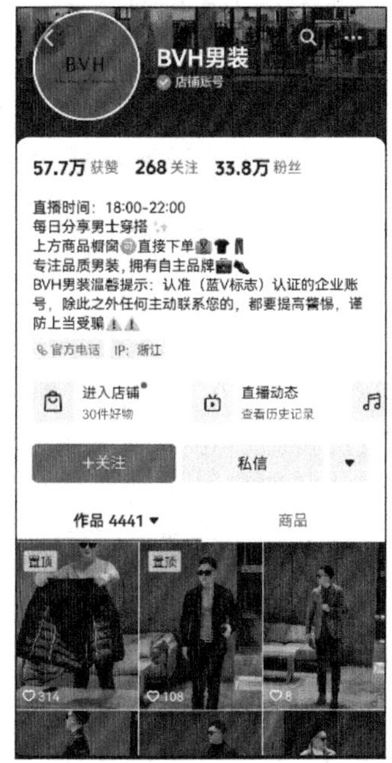

图5-3　改账号简介

（3）设置直播预约提醒

设置直播预约提醒，当用户预约直播以后，就能在直播开始时收到通知，并及时观看直播。

5.2.2　直播标题和关键词的写作

响亮的直播标题可以准确定位直播内容，激起用户的兴趣，吸引用户进入直播间观看。直播标题的字数不宜过多，5～15个为宜，一句话即可，简单易懂，突出直播的亮点。

一般来说，直播标题可以分为内容型、活动型和福利型3种类型，如表5-2所示。

表5-2　直播标题的类型

类型	说明	举例
内容型	主要展示直播间产品的功能和特点，有时还会呈现观众使用产品的场景，使观众产生联想	“养胃，传统手工糕点” “九阳免手洗，紫薯豆浆” “徕芬，和毛躁说再见” “童装原产地，每日上新” “秋冬出行，选骆驼冲锋衣”
活动型	主要展示直播间产品的包邮条件、折扣优惠、促销信息等，利用低价或促销活动吸引用户进入直播间	“羽绒服、冲锋衣 7 折起” “秋冬新风潮，优惠多多” “专柜品质，地摊价格” “买一送一，新品半价” “品牌童装 1 折起”

续表

类型	说明	举例
福利型	一般是关注有礼、随机抽奖、直播间赠送产品等，目的是引流、增加粉丝，用少量成本吸引流量，为之后的销售做好铺垫	“直播购机享加赠抽免单” “怎么这么多人中免单” “保暖，下单抽第二件半价” “新号首播，免费送” “×× 冰箱，抽奖不停” “直播下单抽豪礼”

在写作直播标题时，主播可以运用以下方法。

1. 设置利益点

主播要从产品中提炼可以给用户带来的利益点并放在标题中，抓住用户想从直播间获得实际利益的心理。实际利益既可以是产品质优价廉，也可以是获得实用技能或干货，满足用户的精神需求。例如，某直播间的标题为“儿童玩具益智你我他”，突出玩具有益智力提升的特点，家长为孩子购买玩具后，可以帮助孩子在玩的过程中激发思维、增长智慧，如图5-4所示。

2. 使用数字

在标题中使用数字可以让直播标题的亮点更醒目，增强标题的辨识度，降低观众大脑的思考难度，迅速引起观众的注意。需要注意的是，数字一般使用阿拉伯数字。例如，“woodsoon旗舰店”的直播标题为“新风潮活动低至5折起”，数字5可以很快吸引用户的注意力，使其注意到可以在直播间享受到的利益，如图5-5所示。

图5-4 设置利益点

图5-5 使用数字

3. 激发好奇心

好奇是人的天性，在直播标题中制造悬念，引发观众的好奇心，吸引观众的注意力，提高其观看兴趣，是为直播引流的常见方式。其中，在标题中设置问题是常见的制造悬念的方式，可以提醒观众注意，引导观众思考，突出重点，促使观众进入直播间一探究竟，如图5-6所示。当然，在标题中提问的方式不能频繁使用，否则容易引发观众的审美疲劳。

4. 击中痛点

主播可以提出生活中让观众困扰的问题，该问题越深刻、越难以解决，就越能受到观众的关注。同时，直播标题还要提出解决痛点的方案。例如，有很多观众担心家里的老人和孩子的安全问题，主播在直播标题中展示“防丢”这一功能，可以迅速吸引这些观众的注意力，如图5-7所示。

图5-6 激发好奇心

图5-7 击中痛点

5. 制造热销氛围

主播要善于抓住观众的从众心理，如果推荐的产品销量很高，可以在直播标题中突出这一点，营造一种产品热销的氛围，增强观众对产品的信任感。例如，直播标题“这么多人在看我家锁”向观众传达了该产品很受欢迎的信息，如图5-8所示。

6. 借助热点

人们对热点事件、节日和热门影视剧的关注度很高，直播标题与热点相关联，很容易吸引观众的注意力。但是，在借助热点起标题时，主播要避免违背法律法规、道德伦理和国家利益的内容热点。例如，某主播把热门节日“双十一”放在直播标题中，吸引想在“双十一”购买产品的观众，如图5-9所示。

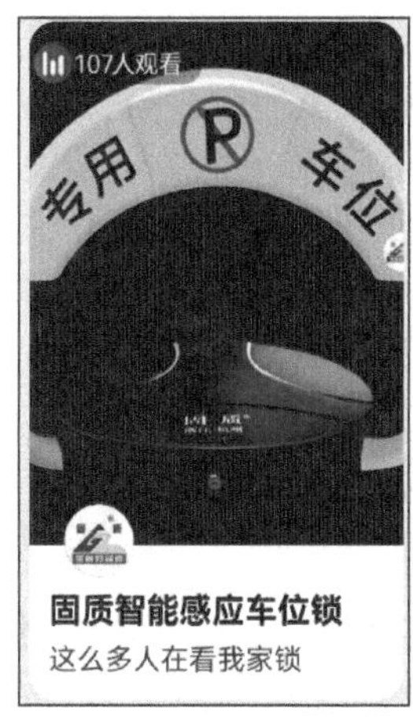

图5-8 制造热销氛围

图5-9 借助热点

在写作直播标题时，主播还要注意不要走入误区，使用低质标题，以免对直播间的数据造成恶劣影响。常见的低质标题包括：无意义的信息，与直播内容毫无关系；存在诱导观众点击和低俗暗示等行为；简单的新人问好标题，如“新主播，求守护”等；使用广告禁用词或极限词，如“全网最低”等；存在缺字、多字、错别字、不通顺等错误；标题太短，不足6个字符，等等。

直播标题之所以能被观众搜索到，起主导作用的是直播标题中的关键词。在写作关键词时，主播要注意以下几个事项。

（1）关键词在标题最前面

理论上来说，直播标题中包含的关键词越多，被搜索到的概率就越大，但由于标题有字数限制，如果标题字数太多，超出部分就会无法显示。在这种情况下，主播就要合理取舍标题。因此，直播标题要简短，把关键词写在标题的最前面，让观众一眼就能看到。

（2）选择合理的关键词

直播标题中的关键词可以分为5类，主播可以根据实际情况选择合理的关键词。

- **属性关键词**：关于产品的名称、俗称，以及类别、规格、功用等介绍产品基本情况的字词。
- **促销关键词**：关于清仓、折扣、甩卖、赠送礼物等信息的字词。
- **品牌关键词**：产品本身的品牌或店铺的品牌。
- **评价关键词**：这种关键词的作用是对买家进行心理暗示，一般是正面、褒义的形容词，如“百分百好评”“市场热销”等。
- **群体关键词**：将一些关键词与特定的群体联系起来，形成该群体的标签，群体标签越精准，进入直播间的群体就会越精准。

5.2.3 图文预告文案的写作

在进行一场成功的直播活动之前，做好宣传预热工作是至关重要的，宣传预热可以增加直播的影响力和知名度，提升观众对直播活动的期待值和参与感。

直播预热的方式有很多种，如短视频预热、社交媒体预热等，下面重点介绍图文预告文案的写作方法。

1. 借势型预告文案

直播预告文案可以借势名人、热点话题等，从而有效提高直播的关注度。例如，某头部主播在直播预告文案中提到会有某位名人和自己一起直播：“当你走进这直播间，我和××老师就已经在直播间等你们了！今晚8点30分，不见不散。”即使直播间没有足够的资金请得起名人，主播也可以进行借势。例如，直播间销售的产品是名人同款，就可以在直播文案中加入相关热门话题来增加曝光度。

图5-10所示为经济学人集团在微博预告晚上的直播活动，直播中经济学人商论主编吴晨将会与《连线》杂志创始主编凯文·凯利对话交谈。凯文·凯利在国际上的知名度非常高，是互联网科技领域的权威，这无疑会给直播带来一定的热度。

2. 互动型预告文案

直播前的宣传预热应当是与观众之间的一次有效互动，而不仅仅是单方面的宣传发布。主播可以在社交媒体平台发布问答活动，鼓励观众提前留言，并回答提出的某些问题。互动除了问答活动，还有话题讨论、抽奖、发放预热专属优惠券等，这些方式可以促

成粉丝对预告文案的二次传播，大大提高直播的关注度。

例如，微信公众号“蒙娜丽莎会员之家”为直播活动做预告时，鼓励粉丝邀请朋友扫描自己专属的二维码预约直播，邀约总人数前10名的粉丝可以免费获得苏泊尔多士炉一台，且免费包邮到家，如图5-11所示。粉丝在奖品的激励下，会主动向朋友分享直播预告信息，帮助商家扩大直播活动的影响力。

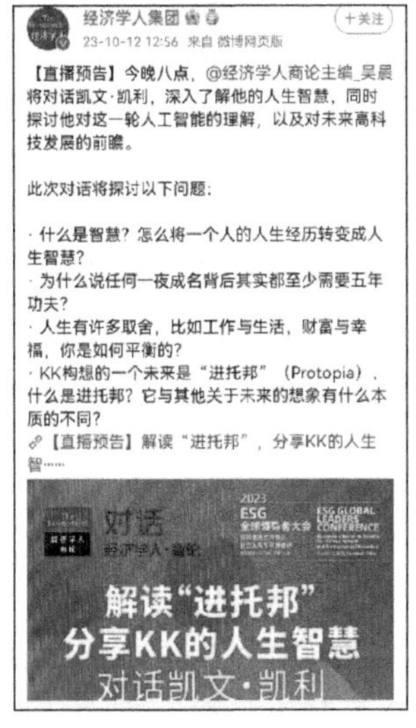

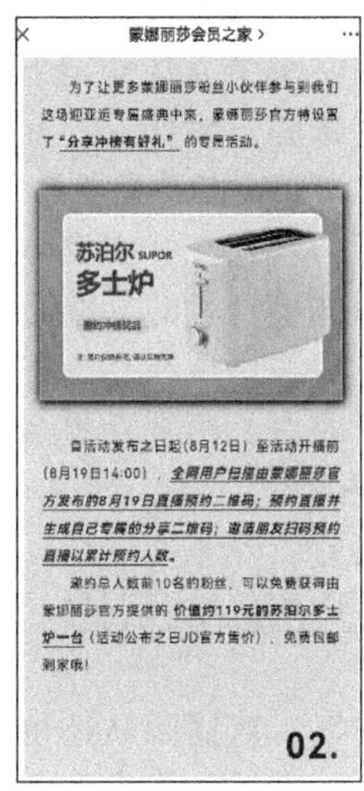

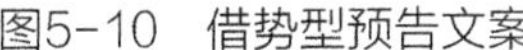

图5-10　借势型预告文案　　　　图5-11　互动型预告文案

抽奖的奖品要有足够大的吸引力，这样才能鼓励观众进行转发与评论，从而提升预告文案的曝光度。

3. 直播分享产品清单预告文案

主播可以在预告文案中直接分享直播产品清单，并预告部分产品的优惠情况，既简单又直接，可以精准地吸引观众。例如，淘宝直播“香菇来了”“香菇姐姐”在微信公众号“香菇预告清单”中发布即将到来的直播活动会有哪些产品，列出各个主场的产品清单，以方便感兴趣的粉丝找到自己需要的产品信息，对比直播价格与原始价格，感受直播活动的优惠力度，如图5-12所示。

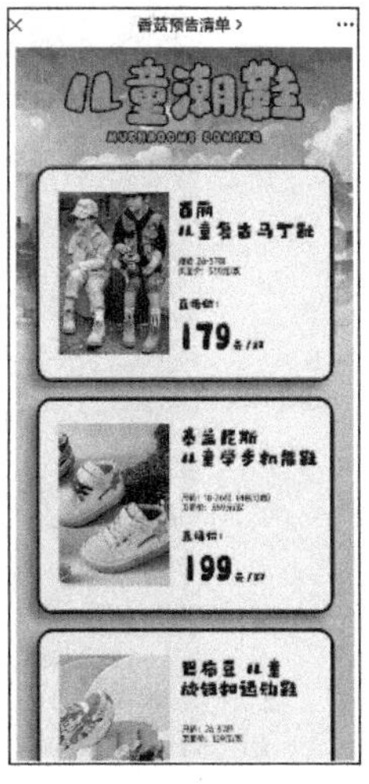

图5-12　直播分享产品清单预告文案

4. 价值包装型直播预告文案

要让观众从预告文案中看到价值，知道在直播间可以获得某种利益，这样他们才会进入直播间。例如，“想要好皮肤的朋友们一定要来看我的直播，明天晚上8点整，准时开播！”如果观众想改善皮肤状况，看到该预告文案就会感兴趣，从而准时进入直播间进行观看。

5. 悬念型直播预告文案

主播可以在预告文案中为观众留下悬念，只展现直播中的部分福利或亮点，借助悬念勾起观众对直播的好奇心。例如，“如果不是全网最______，怎么会让上万人都在一个直播间里买东西？”“如果没有大量地发______，怎么会让路人也兴奋得大呼小叫？”

直播预告的时间与观众在社交媒体平台上的活跃时间、与正式直播的间隔时间等息息相关。观众在社交媒体平台上的活跃时间集中在8～9点、12～14点和19～23点这几个时间段，直播的人气峰值一般出现在19～23点，所以直播预告文案的发布时间可以选择在这些时间段的前半个小时左右，给观众更多的反应和转发时间，同时直播预告文案的发布时间应为正式直播前的1～3天。

5.2.4 海报文案的写作

除了图文预告文案，直播团队还可以设计一张吸引人的海报来宣传直播活动。海报文案可以更加生动地展示直播的内容和氛围，吸引更多的观众。直播团队可以在社交媒体上发布海报，配上简洁明了的文字说明，以增加直播的曝光率。

海报文案主要是海报标题，包括主标题和副标题，要与直播主题高度相关，一般设计在海报的上下两端。标题的设计会影响到海报的视觉效果。

主标题需要契合直播主题，可以选用视觉冲击力较强的字体；副标题字数较多，要包含直播时间、主播介绍、产品信息、促销信息等。

例如，某主播在自己的“双十二”专场直播之前进行预热，发布的海报文案包括：“决战双十二，全场优惠”“双十二直播间，福利大放送”“全场指定产品5折起；当天最高可领500元优惠券；会员购物赠送一份精美礼品；直播间抽奖IPHONE 12”，如图5-13所示。该海报文案主要展示直播间的福利。

图5-13 海报文案

5.2.5 直播封面的设计

主播在进行直播之前，需要对直播间进行一定的视觉优化处理，而直播封面的设计尤为关键。直播封面是直播间的门面，能够在用户心中留下第一印象，只有足够吸引人的直播封面才能实现帮助直播间引流的目的。实践证明，经过精心设计直播封面的直播间，其流量要比使用默认头像的直播间大得多。

直播封面主要包括主播人像图和产品封面图两种类型，不同类型的直播封面有不同的质量标准。

1. 主播人像图

对有专业技能或有某种才艺、特长的主播来说，主播人像图的使用有利于打造个人IP。

优质的主播人像图应符合以下标准：封面中的人像为主播本人，且人物面部完整，清晰可见，如图5-14所示；采用近景或中近景拍摄人物膝盖或腰部以上画面，如图5-15所示；封面的背景干净，构图合理，同时光线明亮、柔和，等等。

图5-14　主播人像图1

图5-15　主播人像图2

需要注意的是，下列封面为不合格的主播人像图：在网络上随便找的人物照片；使用未经授权的名人照片；直接使用直播间的截图；没有美感的大头照，或者后期处理效果太差的图片；多人合照或拼图图片；有不雅着装或动作的照片；文字过多或背景杂乱的照片，等等。

2. 产品图

如果主播想利用直播来销售产品，就可以选择产品图作为直播封面，如图5-16所示。优质的产品图应达到以下标准：产品能够将观众的痛点或使用场景展现出来；能够展现产品的卖点或亮点，获得精准的人群对象；画质清晰，构图、色彩与光线均合理。

需要注意的是，下列封面为不合格的产品图：产品图中文字太多，背景杂乱；图片处理效果太差；拼接图片；随意拍的实物图，构图、光线较差；使用动漫、表情包或风光照片等与产品无关的图片；夸大产品使用效果的图片；图片加上不必要的边框，等等。

直播封面要契合直播主题，让观众一看到直播封面就能大概知道直播的内容，以此来决定是否进入直播间。图5-17所示，观众一看到直播封面中的大闸蟹就知道，直播间内主播主要是在介绍阳澄湖大闸蟹。

图5-16　产品图1

图5-17　产品图2

不管是主播人像图，还是产品图，图片的大小都应当符合平台要求。不同的直播平台，对封面的尺寸要求也不同。例如，淘宝直播的直播封面一般为750像素×750像素，最小不低于500像素×500像素；拼多多的直播封面不得低于800像素×1200像素；抖音的直播封面不得低于750像素×750像素。

如果要为直播封面打标，要根据规范打在同一位置，保持整体的一致性，一般固定在封面的右上角，不能移动，其最大尺寸为180像素×60像素。

5.3 短视频与直播文案的融合

在移动互联网时代，短视频和直播平台分别以其独特的方式改变了媒体传播的模式，而将短视频与直播融合，在充分利用两者优势的同时还可以提供更好的观看体验与互动参与感。

5.3.1 短视频预告直播文案的写作

作为知名的厨房小家电品牌，苏泊尔面对高速发展的传播环境，其营销团队在不断迭代更新营销战略，紧跟时代趋势，创新营销思路。

苏泊尔在不断深入挖掘消费者对烹饪用具使用需求的基础上，持续加快拓展市场核心竞争力产品，在2022年推出了有钛无涂层不粘炒锅。

在传播上，苏泊尔聚焦“无涂层才不怕涂层脱落”的核心策略和优势，向消费者传递“更健康、更精致、更放心”的产品和品牌形象，其通过整合平台营销IP做新品首发、多领域KOL达人“种草”、跨平台效果投放、联合平台做超级品牌日等多维度的组合营销打

法，借助平台的数据技术，打通新品营销全链路，快速实现新品破圈。

与此同时，苏泊尔着力搭建账号矩阵，对不同消费者群体进行全方位渗透，深化“种草”动机，突出产品核心优势，在抖音站内触达多个消费者圈层，唤起消费者的换锅需求，渗透消费者的心智。

苏泊尔在营销过程中也积极运用直播方式，实现达人直播和品牌自播协同，绑定名人或达人直播合作坑位，主打“苏泊尔”经典品牌，增加品牌好感度和信任感，为产品热度不断加码。

而在直播销售的整个流程中，利用短视频为直播预热是常规操作，如图5-18所示。

图5-18 短视频预告直播文案

苏泊尔旗下的各个矩阵账号在直播正式开始之前和直播过程中，发布展示无涂层不粘炒锅优势的短视频，并展示正在直播中的宣传信息，吸引对无涂层不粘炒锅感兴趣的消费者的注意，其短视频文案的标题为：“幸亏没早买！无涂层不粘炒锅，越用越不粘，正在直播中，错过后悔。”“太好用了！老婆一口气买了两个，有钛无涂层不粘炒锅，今天仅售这个价，正在直播中，错过后悔。”

2022年，苏泊尔有钛无涂层不粘炒锅在营销上实现了全网近2.1亿次的曝光量，互动讨论量近40万，引导进店UV（Unique Visitor，独立访客）高达200万，最终苏泊尔有钛无涂层不粘炒锅实现全渠道过亿的销售额。

短视频预告直播文案的写作要根据短视频预热直播的方式来确定。短视频预热直播的方式主要有以下几种。

1. 内容植入

在短视频的前半段输出和平时风格相同的垂直内容，吸引固定的观众观看，然后在后半段，尤其是短视频结尾植入直播预告信息，让观众在观看短视频时很自然地了解到直播时间和直播主题，并留下深刻的印象。

例如，抖音账号“南阳中泰豪生大酒店”在短视频中用搞笑的形式讲述了员工向领导展示各种直播预告方案，如秀场式、叫卖式、耍帅式等，都遭到领导拒绝，最后领导以最直接的方式——真人口播进行预告。在搞笑的情节中，账号直播预告的信息被植入员工手持的信息板上，让观众在欢笑声中接收到直播预告信息，如图5-19所示。

图5-19 内容植入

2. 真人口播

主播在短视频中真人出镜，向观众告知具体的开播时间和直播主题。为了吸引潜在观众，主播要在短视频中留下悬念，勾起他们的好奇心，如图5-20所示。该账号的主播在家居店向观众介绍直播间的主题和福利："今晚8点30分，锁定我的直播间，预约就送童趣小蚂蚁，圆弧身形，超级可爱，全绒包裹，手感舒服，今晚8点30分我在直播间等你，不见不散！"

图5-20 真人口播

3. 曝光福利

主播可以在短视频中利用曝光福利来激发观众的兴趣和好奇心，使观众定时进入直播间。例如，直播间会有抽奖活动，奖品有品牌包、新款手机等；促销活动优惠力度大，等等。图5-21所示的账号主播在进行直播预告时，不仅介绍了产品的特性，还向观众介绍了自己要和其他品牌联合直播，并送出神秘好礼，以此来吸引观众进入直播间。

图5-21 曝光福利

该主播在短视频中的文案为："这是一条沉浸式的直播预告，（坐在沙发、床上）舒服、享受，（拉开抽屉）这个也不错哦，所见即所得。生活也能这般美好。21号晚7点30分，尚茂装饰联合美克美家，共同为您打造梦想的家。直播间还有神秘好礼相送，记住，21号晚7点30分，我们不见不散！"

在前面所提到的案例中，苏泊尔有钛无涂层不粘炒锅的直播预告视频重点讲述了产品的优势，在最后提到了直播间的福利："我承认，我对无涂层不粘炒锅的宣传不多，但苏泊尔真的出了无涂层不粘炒锅，把航空材质用在锅上，微观有钛熔覆，不惧铁铲、钢丝球，无涂层还不粘，轻轻一吹蛋饼，就能给你跳支广场舞。煎炒炸一锅多用，厨房新手也能单手颠锅，轻松洗锅，一擦即净，每次使用都是享受。等啥呢，还不快来试试看？"而在短视频预告文案的标题中，"今天仅售这个价"既激发了观众的好奇心，又在一定程度上说明了价格的优惠，所以对观众有很强的吸引力。

一般来说，直播预告短视频不宜过长，适合保持在30秒以内。另外，还要以字幕的形式将具体的直播时间、直播主题和直播亮点（如产品卖点、优惠价格等）展示在短视频的显眼位置。

5.3.2 短视频回顾直播文案的写作

作为一家有着近30年历史的国货品牌，美特斯邦威的名字很有内涵——"美丽独特斯于此，扬我国邦之威”，该品牌曾经也是国内休闲服装领域的翘楚，是国内首家上市的休闲服饰品牌，在巅峰时期全国门店超5000家，营收近百亿元。

然而，由于运营定位失误，在众多外资品牌的冲击下，2019～2022年，美特斯邦威的业绩持续下滑，连续出现亏损，门店数量也只有巅峰时期的五分之一。此次美特斯邦威进军直播领域，以“欢乐直播间”“开心果直播”“好货春晚”等标签不断“出圈”，让观众看到了不一样的美特斯邦威。

例如，美特斯邦威的主播在直播间扭东北秧歌，拿着蜜雪冰城、娃哈哈、老干妈、蜂花等国货品牌走秀；主播以夸张的表演风格诠释“讨价还价”……美特斯邦威的“春晚式”直播一度位于行业流量榜第一名。

短视频平台上有很多关于美特斯邦威直播的切片视频，大多以凸显主播的搞笑特色作为短视频主题。例如，某短视频的文案标题是“直播间这俩主播也太有节目效果了，谁家后台叫端木磊啊，哈哈哈哈！”该文案重点强调了主播在直播间带货时的表演特色，同时用端木磊这个人名制造悬念，刺激观众去搜索，从而更加深观众对美特斯邦威的印象，也使其对直播内容产生兴趣。

如果上一场直播中发生过一些有趣的事情，主播可以将其截取出来并发布短视频，为即将开始的下一场直播“引流造势”，使观众对下一场直播产生兴趣，这就是所谓的直播切片。

在直播切片中，产品的展示更直观，卖点更清晰，比图文更有感染力。直播切片既能帮助观众了解产品，也是商家低门槛进入短视频领域的手段。商家不需要额外拍摄短视频内容，只需将直播时的片段剪辑出来即可完成内容的持续更新。

实时切片可以实现让更多观众在看短视频的时候看到直播信息。实时切片是指边直播边把直播过程中的精彩片段剪辑成精彩的短视频，为直播引流。切片点有很多，如介绍产品折扣、产品性价比高等，切片发布以后，短视频平台会依靠强大的个性化推荐机制帮助商家推广。

短视频回顾直播文案是指对直播回放进行剪辑后，为其写作的标题和描述。在短视频回顾直播文案的写作中，需要注意以下几点。

（1）简洁明了，重点突出

选择和切片内容相符的方向，以简洁的语言表达什么人做了什么事情，直播中的关键点是什么。

（2）选择爆点，引人注意

文案要把切片的爆点内容表达出来，如价格实惠、机会难得，从而吸引观众的注意力。

（3）情绪共鸣，瞄准痛点

找到观众群体的共同痛点，在文案中表达出来，以调动观众的情绪，使其产生情感共鸣，从而吸引观众。

（4）赋予情感，增强感染力

在文案中可以适当增加情感色彩，例如，使用一些感叹词、形容词等来表达情感和态度，这样的文案更加生动有趣，从而吸引更多的观众点击观看。

例如，在美特斯邦威的直播切片中，有一段文案这样写道：“真是好玩啊，昨天在直播间一直跳舞，今天又整这一出，真的是进了美特斯邦威直播间走不出来，太搞笑了！”该文案突出了自己看直播的欢乐情绪，展现了美特斯邦威直播间的与众不同，语言十分具有感染力，搭配直播切片中的画面，会让观众情不自禁地搜索美特斯邦威的账号，在其直播时观看。

实训案例

请观察图5-22和图5-23，说出图中直播封面图的类型及直播标题的写作方法，然后根据图片反映出的产品类目，在直播平台上寻找相关直播间，仔细观察和记录主播的直播话术，并分析主播的直播话术有何优点。

图5-22　直播封面图1

图5-23　直播封面图2

课后思考

1. 简述直播话术的写作流程。
2. 简述FABE法则的关键环节。
3. 简述写作直播标题的方法。

第6章 不同类型短视频与直播文案的写作

【知识目标】

- 掌握美食推荐类短视频与直播文案的特点和写作方法。
- 掌握穿搭推荐类短视频与直播文案的特点和写作方法。
- 掌握产品讲解类短视频与直播文案的特点和写作方法。
- 掌握生活展示类短视频与直播文案的特点和写作方法。

【能力目标】

- 能够熟练写作美食推荐类短视频与直播文案。
- 能够熟练写作穿搭推荐类短视频与直播文案。
- 能够熟练写作产品讲解类短视频与直播文案。
- 能够熟练写作生活展示类短视频与直播文案。

【素养目标】

- 坚定历史自信、文化自信，坚持古为今用、推陈出新。
- 推动质量强国建设，打造中国制造闪亮名片。

在新媒体时代，短视频和直播平台涌现出众多垂直领域的内容，如旅游、搞笑、学习、服装等，创作者在写作短视频与直播文案时，要确定自己所在的垂直领域，明确用户需求，然后在文案中传达符合用户需求的精准化内容。本章主要介绍美食推荐类、穿搭推荐类、产品讲解类和生活展示类等类型的短视频与直播文案的写作方法。

6.1 美食推荐类短视频与直播文案的写作

无论是美食推荐类短视频还是直播，在写作文案时，创作者要抓住用户的痛点和需求，写出来的文案要触动用户的内心，这样才能激发用户的情感共鸣，提高销售转化率。

6.1.1 美食推荐类短视频与直播文案的特点

要想写作合格的美食推荐类短视频与直播文案，创作者首先要了解这两种文案的特点，这样在写作文案时可以在符合文案特点的前提下充分发挥，写出精彩的短视频与直播文案。

1. 美食推荐类短视频文案的特点

（1）突出美食产品的特点

美食推荐类短视频文案要从产品的特点出发，充分凸显美食产品的特色优势，如口味、制作工艺、历史、营养价值、食材等，从而有效地吸引用户。

（2）形象化

美食推荐类短视频文案要形象化，借助有趣的场景、互动式的文案把人们带入短视频的故事和情节中，让用户对美食产品有更深刻的认知。

（3）简洁明了

美食推荐类短视频文案一般简洁明了，突出文案主题，使用户对美食产品的特点一目了然。

（4）提升情感

美食推荐类短视频文案可以提升用户的情感，让用户在看完后有一种“好吃”“享受”的感觉，可以吸引更多用户关注美食产品。

2. 美食推荐类直播文案的特点

（1）吸引力强

美食推荐类直播文案常常要有足够大的吸引力，让用户对美食产品产生浓厚的兴趣。在写作文案时，主播可以利用一些生动形象的描述来吸引用户的注意力。

（2）实用性强

在观看美食推荐类直播时，用户最关心的是美食产品是否好吃，因此文案要具有足够的实用性，让用户充分了解美食产品的口感、食材等信息，运用客观描述说明美食产品的特点，进而获得用户对美食产品的信任。

（3）共鸣感强

直播文案要具有足够的情感共鸣，让用户能在文案中找到自己的共鸣点。主播可以利用一些温暖、感人的描述来表达自己对美食产品的喜爱，例如，“这款美食是我小时候最喜欢的美食，每次吃到它，都能感受到家的味道。”这种温暖人心的描述既能够打动用户的心，又能够让用户对美食产品产生共鸣。

6.1.2 美食推荐类短视频文案的写作

美食推荐类短视频文案的写作工作包括以下内容。

1. 积累素材

在写作美食推荐类短视频文案之前，创作者要先积累足够的素材。在积累素材时，主要有以下渠道。

（1）阅读相关书籍

浩如烟海的书籍囊括了各大门类的知识，不管创作者做什么选题，他都可以在书籍中查找相关的知识。例如，创作者想做一期有关火锅的短视频，可以提前阅读与火锅有关的书籍，了解火锅的相关知识，以便于在写作文案时有所依据，同时向用户分享干货。

（2）收集热门话题

热门话题是人们普遍关心的话题，它可以激发人们的好奇心和兴趣，吸引更多的关注。因此，在写作短视频文案之前，创作者可以收集美食类的热门话题，在确定选题角度之后，将热门话题与选题相结合，可以很好地为自己的短视频引流。例如，创作者可以在微博“热议话题”板块中搜寻与美食相关的热门话题，如图6-1所示。

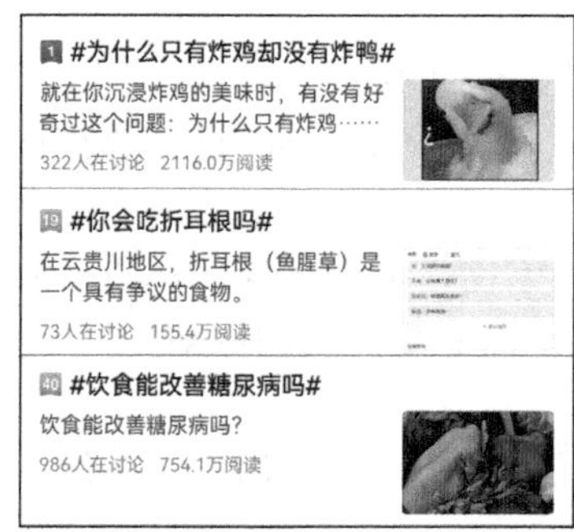

图6-1 微博“热议话题”板块中与美食相关的热门话题

（3）收集网络素材

创作者还可以在百度等搜索引擎上搜索与美食相关的素材，如图6-2所示。或者在微博、抖音上搜索同一领域的账号，观察竞品的内容，如图6-3和图6-4所示。

图6-2 百度上的素材

图6-3 微博竞品账号

图6-4 抖音竞品账号

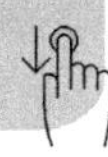

2. 策划选题

在策划选题时，创作者可以采用以下方法。

（1）细分话题法

创作者可以在知乎上搜索“美食”话题，会看到下面有很多细分话题，如美食做法、美食社交、北京美食、上海美食、广州美食、成都美食等（见图6-5），创作者可以结合自身经验和专业能力写作相应的细分文案。

（2）九宫格思考法

创作者先要确定目标人群，然后画出九宫格，以某个关键词为核心（如“火锅”），列出该关键词的相关信息，分别列在九宫格的外侧框内，如图6-6所示。

图6-5　美食的细分话题

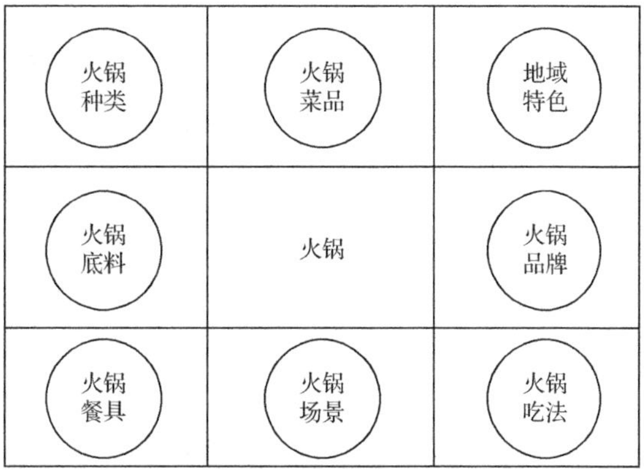

火锅种类	火锅菜品	地域特色
火锅底料	火锅	火锅品牌
火锅餐具	火锅场景	火锅吃法

图6-6　九宫格思考法

3. 文案写作技巧

写作美食推荐类短视频文案的目的是激发用户的食欲，创作者要想写出具有吸引力的美食推荐类短视频文案，可以采用以下技巧。

（1）营造美食的场景细节

美食推荐类短视频文案要营造一个具体化的环境来让用户直观地了解美食产品的使用场景，从而使用户认识到美食产品的独特性。创作者还可以在文案中为用户介绍食用美食的方法，要注重细节的刻画，让用户感受到美食体验中的仪式感，打造独特的饮食氛围。

例如，某短视频在推荐一款咸鸭蛋时是这样介绍的：“咸鸭蛋吃起来蛋白细嫩，蛋黄绵沙。吃的时候，把咸鸭蛋的一侧轻轻敲碎，开出勺子大小的口后，就可以挖来吃了。勺子靠着蛋壳的边缘，顺势旋转，挖出蛋黄后，红油会顺着蛋壳流下来，别提多下饭了。”这则文案为用户营造了吃咸鸭蛋的场景，告诉用户如何吃，对饮食的细节刻画让人感觉到吃一个普通的咸鸭蛋都能这么有仪式感，就会产生一种“我也想要尝尝”的想法。

营造场景的方法还有很多，例如介绍美食的搭配、最佳饮食时间、就餐地点、制作美食的食材选择和做法等，都能为用户营造出渴望享用美食的场景，激发其对美食的欲望。

（2）详细描述享用美食的感官体验

细节描写可以让美食推荐类短视频文案更吸引人，使短视频更有感染力。对细节的描写是营造文案画面感的一种重要方式，把事物细节描写得越详细，就越能令人信服。细节越生动，文字就越灵动，用户也能根据细节描写在脑海中构建自己的想象，结合短视频画面来呈现，可以加深用户对美食产品的印象。

创作者在刻画美食的细节时，一般要全面描述美食的色、香、味，为用户呈现独特的视觉、味觉、嗅觉、听觉和触觉体验，淋漓尽致地把美食的美好描述出来。例如，在描述煎饺时，只说“外皮酥脆焦黄，内馅咸淡适中，还有一点辣味，很好吃”就显得很平淡，而“高汤渗入面皮之后，适度的焦黄确实让味道更香了，内馅柔软得好像要化掉一样，每嚼一口嘴里就溢满了鲜汁，微麻微辣的口感刺激着味蕾”就更让人有食欲。

（3）利用食物产地增加文化价值

地域不同，饮食文化也不同，人们到一个地方旅游，一般会想品尝当地的特色美食。如果要介绍的美食有产地优势和独特的文化价值，就可以用文案表达出来。例如，“野生蓝莓果实很小，不到种植蓝莓的一半。野生蓝莓果肉呈现紫红色，富含花青素。野生蓝莓很难被种植，只有大兴安岭的原始森林中才有。”

（4）借势时令热点促成下单

很多生鲜产品（如荔枝、杨梅等）的上市季节不同，由于销售期短，创作者可以顺应季节时令或当下的某个热点来打造爆款。

例如，在介绍一款杨梅时，某短视频的文案为：“杨梅入口酸甜爆汁，被高温天烤干的食欲都被它被唤醒。比起其他杨梅，这款杨梅肉厚核小，一口下去全是肉！要想见到果核还真得多咬上几口，吃起来更过瘾，更满足！每年赏味期只有20多天，所以到了杨梅成熟季，大家一定要抓紧吃，多吃！”

（5）利用生产过程让用户放心

消费者对美食产品安全、健康的关注度一直很高，为了让用户放心，创作者可以在短视频文案中把产品的加工过程、筛选标准、打包过程、物流运输等情况进行详细说明。

例如，在推荐某款杨梅的短视频中，其文案为：“娇嫩的杨梅跟‘一日色变两日味变’的荔枝一样，运输是真心难。我曾经试过，买一箱杨梅，到手半箱杨梅汁，所以包装、快递的选择就成了重中之重。我挑选的杨梅，都是现摘现发，一颗一坑，专门保护，顺丰冷链配送，送到你手上时还是完好无损的。物流费小贵，但真的值得买，值得吃！”

这段文案通过强调杨梅易坏的特征，指出物流运输的重要性，然后通过物流的选择和包装让用户知道，自己的杨梅产品是冷链配送，不用担心坏掉，可以放心下单。

（6）讲述品牌故事，提升美食价值

有故事的食物会让人觉得它更有情怀、更高级，让人更想品尝。创作者可以从食物的传承、名字由来、食物文化、典故、研发等几个角度进行讲述。

东莞粤菜中有一道十分有名的奇香鸡，创办于1985年，历经几十年的品牌底蕴和文化传承，成为东莞特色鸡美食文化传承者与倡导者。广东的一位短视频博主曾采访过其创始人，并将拍摄的内容剪辑成短视频发布到抖音平台上。该短视频的标题文案为：“探访奇香菜馆背后的故事，你吃过正宗美味的奇香鸡吗？”如图6-7所示。

以下是短视频博主与创始人之间的谈话。

博主问："为什么这间店叫奇香呢？"

创始人答："'奇香'是我最开始出来做时我的舅父帮我取的名字，他说你的东西要让别人觉得是既奇怪又香的东西，所以简称'奇香'，'奇香鸡'就是这样来的。"

博主问："我刚刚看到招牌上写这里是1985年创立的。"

创始人答："嗯，是1985年开始创立的，现在可以说开张近40年了。招牌不变，主要是出品坚持做好，满足大家的需求，不是赚多少钱的问题，而是你能不能够留住本地食客的这份人缘，群众的呼声是最重要的。"

博主问："您觉得开店以来最有成就感的事是什么？"

创始人答："让别人吃了之后觉得，以后第一时间想吃鸡就去奇香吃，这样就有些成就感了。"

博主问："这道鸡是获得了一个钻石的奖是吗？"（见图6-8）

图6-7 美食短视频标题文案

图6-8 美食采访短视频

创始人答："嗯，我这道鸡得了很多的奖，第一个是中国饮食协会发给我的'中国金牌粤菜'，这个是东莞市发给我的'东莞钻石名菜'。"

博主问："获奖那一刻心里是不是特别骄傲呢？"

创始人笑着答道："是有一点点啦。做人呢，你没有向前看的精神，并且很随便，没有那种竞争力，是做不成大事的，一定要有一些竞争力的精神。"

该创始人在回答博主提问的时候向大家讲述了品牌名字的由来、品牌创立时间，再加上创始人的内心感悟和获奖经历，都为该品牌增加了情怀感和用户信任感。

"民以食为天"，人生在世，将生活嚼得有滋有味，把日子过得活色生香，需要有一颗浸透人间烟火的心，这正是哔哩哔哩平台短视频账号"盗月社食遇记"的内容核心，其账号简介简单生动："心里有光，哪儿都美"。

"盗月社食遇记"发布的短视频大多是4个人一起乘车去享受各种美食，短视频一开始一般是4个人在车内确定本期短视频的目的地和任务，全程笑料十足，综艺感极强。4个人通过完成任务，向广大粉丝介绍各个地方的特色美食，宣传美食文化。

在某期节目中，4个人决定去柳州吃当地的特色美食，4个人只有3个人能吃到，吃饭时还要开视频馋着其他人。就在这个过程中，吃美食的人就很自然地把美食介绍给粉丝了。

由于是探店类节目，短视频脚本没有办法规划得太细致，于是列了拍摄提纲，如表6-1所示。

表6-1 “盗月社食遇记”某期节目的拍摄提纲

组成部分	内容
主题	在柳州拍摄美食期间，在车内做游戏，以游戏的方式把柳州当地的美食介绍给粉丝（游戏规则：一车4个人，只吃3家店，每次只能1个人下车去吃饭，回答3道题，答对的人才能下车吃饭）
视角	滤粉店、螺蛳粉店、拌粉店
体裁	探店类
风格	轻松、愉快，对话较多，综艺感强，娱乐效果好，大多是在车内互动，以及吃饭的人和店铺经营者互动
内容	场景一：邀请柳州当地人介绍滤粉做法，并提出问题。车内人抢答，答对的人才能吃饭。吃饭的人去店里，车上的人聊天。吃饭的人前去探店，并开视频与车内人互动。 场景二：众人讨论关于螺蛳粉产业的话题，然后由柳州螺蛳粉产业学院院长介绍螺蛳粉并出题。答对的人前去探店，并展示美食的制作和享用美食的过程。 场景三：出一道关于柳州方言的题，答对的人前去探店，并分享美食体验
细节	背景音乐轻松、活泼。车内互动时，镜头切换较少；在探店时，镜头切换较多，节奏较快。在主题场景切换，开始新的任务时，背景音乐为“啊，朋友再见”的各种改编版本。偶尔添加有趣的音效和可爱的贴片特效，营造轻松的氛围

该短视频的标题就十分具有冲击力，生动地说明了柳州美食的美味：“柳州街头8元一碗粉，炸猪蹄吸满汁，其他朋友馋得流口水！”

该短视频的封面重点展示了柳州当地美食的样子及主创人员之一吃饭的样子，向粉丝传达了柳州美食能够激发食欲、令人大快朵颐的特点，如图6-9所示。

图6-9 短视频封面

在介绍美食时，吃美食的人是这样介绍的：“大家来看一下柳州当地的鸭掌，你看这个皮里都兜着汤呢，压根不用牙，一嗦就可以。”“猪皮我没有切，超大的。（吃一口）哇，好Q。”“我觉得它的卤味每一样都很好吃，吸汁能力都很强，很难评选哪个是第一名，哪个是第二名，吃得我满头大汗。”“一两凉拌粉吃起来凉凉的，不冰，口感软软滑滑，就像在吃丝绸一样。上面裹的酱汁酸酸辣辣的，整个围绕在粉的周围，吃起来清爽又

过瘾。吃个叉烧，虽然是肉，但是不腻。这个凉拌粉主打的就是一个清爽，就像夏天的风吹过一样。"

6.1.3 美食推荐类直播文案的写作

美食推荐类直播文案主要侧重于直播话术的写作。在写作美食推荐类直播话术时，主播要重点突出以下几个要点。

1. 介绍美食产品的安全性

食品安全是指食品无毒无害，符合应当有的营养要求。为了说明美食产品的安全性，直播话术要详细介绍产品的原材料选择、加工、包装、储存和运输等一系列流程，并用数据、食品安全国家标准进行背书，或者采用现场检测、实验的方式来获取用户的信任。例如，"朋友们，我家的月饼采用3道原料，6道调配，形成3道检验工序，成品出炉会直接存放在-18℃的冰柜中，保证大家拿到成品的品质和口感。"

2. 介绍美食产品的口感风味

直播话术在提到美食产品时要用语言全面描述美食的色、香、味、形，搭配图片、视频或实物，突出美食产品的优势，调动起用户的视觉、味觉、嗅觉、听觉等感官，使用户隔着屏幕也能感受到美食的美味。

"主播给大家推荐一款麻婆豆腐粉丝煲，麻婆豆腐的用料都是新鲜的嫩豆腐，有入口即化的感觉，不含任何添加剂。浓郁的汤汁搭配粉丝，吃起来爽口有嚼劲，多种配料丰富搭配，可以满足吃客们的多种口味需求。"

"经过炭烤之后，羊腿外表金黄油亮，外皮焦黄发脆，内里绵软鲜嫩，真的是外焦里嫩。吃到嘴里既不会太硬也不会太软，恰到好处，口感特别好，而且羊肉味清香扑鼻，不仅吃着好吃，看着也很有食欲，所以和家人、朋友一起吃烤羊腿，绝对是一种享受。"

在对着镜头展示美食产品时，主播要多用近景展示产品的全貌，同时详细描述产品的外观，辅之以现场试做和试吃，再描述食物的味道、香味和口感，不仅向用户讲解了食物的烹饪方法，而且展示了食物的美味。

由于不同地方都会有各具特色的美食，人们的口味需求也存在差异，主播在介绍一些特色美食时要找准用户群体，详细说明产品特色及其与同类产品的差异，从而赢得用户的好感。

3. 说明美食产品的营养价值

主播可以根据用户对美食产品的需求，强调产品富含某种营养，食用后对人体健康十分有益，如坚果类食品含有丰富的蛋白质、维生素、微量元素和膳食纤维，可以维持营养均衡，增强体质。例如，"牛头肉的蛋白质含量很高，脂肪含量很低，可以养胃补虚，补脾益气，强筋壮骨，提高机体免疫力，增强抗病能力，祛病健身，适合青少年、病后的人及减肥人士食用。"

4. 突出美食产品的价格优势

美食产品的日常消耗量大，可替代性强，所以客单价低、性价比高的产品更容易成为热销产品。主播在介绍美食产品时，可以将自己的产品价格与其他同类产品的价格相比较，凸显自己的产品价格优势。为了拉低价格，主播可以采用组合套餐价格、折扣卡、优惠券等形式，例如，“我们这款腊肉，原价是100元1千克，今天只要65元1千克，120元带走2千克。”

豪渝重庆火锅生于重庆，闻名于江西，具有成熟的区域发展思路，站在成立十周年的经营拐点，希望寻求新的区域增长乃至全国发展的路径。豪渝重庆火锅给出的解题之法是：入局抖音生活服务平台，借势“沸腾火锅局”，推出“餐饮×文旅”的跨界联动。

豪渝重庆火锅选择与江西的著名景点婺源联动，把直播间开进春天的油菜花海。蒙蒙春雨中油菜花十里金黄，腾腾热气里火锅上下翻腾，让人大开眼界的同时又食指大动。此时正值婺源十里油菜花的旅游旺季，平台用户热情极高，是直播的最佳时机。

豪渝火锅希望通过“美食+美景”的组合，在直播中为用户带来身临其境的沉浸式体验，采取场景化的玩法，实现在视觉和味觉维度的双重引流。

在直播预热阶段，品牌结合景区油菜花季的吸睛优势，为直播定制了宣传海报。海报释放出直播时间段、直播福利（超大折扣、超值代金券）等信息，并以诱人的油菜花田为背景，以双关美食美景的短句为文案（慵懒春日，甜“辣”在心；薄雾轻烟，自带“鲜”气；金黄花田，“香”味扑鼻），吸引喜爱旅游和美食的年轻用户群体的兴趣，最大限度地为品牌直播蓄势，如图6-10所示。

图6-10　直播预告海报

在直播场景中，豪渝重庆火锅通过在线下铺设物料，以醒目的话题标志牌为直播背景，“花都开好了，就吃一顿吧”“唯有美景和美食不可辜负”等核心文案，映衬春游、赏花情境的同时，还能让人胃口大开。线下游客拍照打卡，实时为直播间引流的同时，还能助力直播间在平台的二次传播。

在线下铺设物料的地方主要有景区游览线、检票口、观景台和关键路口等，用于提示、引导游客关注品牌直播活动，以线下的流量带动线上传播，从而提升品牌和活动的关注度。

豪渝重庆火锅充分借助婺源景区的流量优势，结合用户的两大核心需求“逛”“吃”，打造联名话题“花都开好了，就吃一顿吧”，联动达人带话题发布预热短视频，为吃火锅美食、看婺源美景的直播氛围造势，撬动更多的自然流量发酵，为直播争取一波口碑宣传。

豪渝重庆火锅会选择与不同层级的达人进行合作，包括头部达人、中腰部达人等，他们会发布内容不同、玩法多样的探店短视频，涵盖美食分享、探店打卡、幽默搞笑等，并在短视频中植入直播预告信息，为直播进行预热。

6.2 穿搭推荐类短视频与直播文案的写作

服装穿搭不是一件简单的事情，不仅需要花费时间，还要考虑各种特殊情况。基于这种痛点，穿搭推荐类短视频与直播可以为各种服装品牌的运营和销售带来机会。

6.2.1 穿搭推荐类短视频与直播文案的特点

穿搭推荐类短视频与直播文案在写作方面各有其特点，接下来分别说明各自的特点。

1. 穿搭推荐类短视频文案的特点

（1）标题吸引眼球

标题是吸引用户点击的关键。穿搭推荐类短视频文案通常使用吸引人的词汇和短句，如“必备流行趋势”“如何穿出潮范儿”等来吸引用户的注意力。

（2）开头简明扼要

开头部分需要立即吸引用户的注意力，通常会采用精彩的画面或热门话题来开场。

（3）内容丰富

在简短的时长内，文案需要传达足够的信息，如服装的搭配技巧、新季流行元素等。同时，还要展示相应的穿搭示例，让用户一目了然。

（4）强调品质与品牌

在描述服装或搭配时，文案往往会强调产品的品质和品牌的影响力，从而提高用户对产品的信任度。

（5）紧跟流行趋势

文案常常会紧跟当季的流行趋势，同时也会考虑与季节的适应性。例如，在冬季，文案可能会强调保暖与时尚兼具的穿搭方式。

（6）个性化与实用性

除了展示流行趋势，文案也会强调服装的个性化与实用性，让用户了解到穿搭不仅要有型，还要舒适、实用。

（7）呼吁购买

在短视频的结尾部分，文案往往会以呼吁购买的方式结束，例如，推荐用户购买同款产品，或者给出购买的相关优惠信息。

2. 穿搭推荐类直播文案的特点

（1）针对性强

穿搭推荐类直播文案通常针对特定的人群，如职场人士、学生、时尚爱好者等，根据不同人群的需求和特点，提供符合他们需求的穿搭建议和搭配方案。

（2）实用性强

穿搭推荐类直播文案不仅是为了展示时尚和潮流，更重要的是提供实用的穿搭技巧和搭配方法，帮助用户解决日常穿搭中的问题，提升他们的穿搭品位和形象。

（3）互动性强

穿搭推荐类直播通常会邀请用户参与互动，如回答主播的问题、分享自己的搭配心得等，直播文案利用互动性的交流可以让用户更加深入地了解穿搭技巧和潮流趋势，同时可以增强用户对直播的黏性和忠诚度。

（4）内容丰富

穿搭推荐类直播涵盖了多个方面的内容，如时尚搭配、色彩搭配、材质选择、品牌推荐等，这些内容不仅可以帮助用户提升自己的穿搭水平，还可以提供一些有关时尚和潮流的背景知识和信息。

（5）语言生动

穿搭推荐类直播文案通常会使用生动、形象的语言来描述搭配方案和时尚趋势，这种语言风格可以更好地吸引用户的注意力，让他们感受到时尚和美的魅力。

6.2.2 穿搭推荐类短视频文案的写作

穿搭推荐类短视频有其自己的特色，观看服装穿搭短视频的用户大多是追求美、向往美的年轻用户，他们观看短视频的目的是从中学习一些实践技巧来让自己变美。因此，创作者要具备较高的审美意识，在写作穿搭推荐类短视频文案时，创作者要重点突出服装穿搭的时尚感、协调感和实用性。

穿搭推荐类短视频文案的写作工作包括以下内容。

1. 积累素材

在写作穿搭推荐类短视频文案之前，创作者要先积累足够的素材，在积累素材时，主要有以下渠道。

（1）阅读相关书籍

与穿搭、服装相关的书籍有很多，如《识对体形穿对衣》《穿搭的艺术》《时尚色彩搭配指南》《时尚之路》等。

（2）收集热门话题

在写作短视频文案之前，创作者可以收集穿搭类的热门话题，找到自己所做选题的角度，并与之结合。例如，创作者可以在淘宝“逛逛”板块中的热门话题中找到与穿搭有关的话题，点进去仔细浏览，看一看如今穿搭领域的热门动态、流行趋势等，如图6-11所示。

（3）收集网络素材

创作者可以在百度等搜索引擎搜索与穿搭有关的内容，或者在各个社交媒体平台搜索相关的干货，积累相关知识，看到对自己的写作十分有用的内容可以收藏备用。另外，创作者可以在微博、抖音上搜索穿搭领域的账号，观察竞品的内容，如图6-12和图6-13所示。

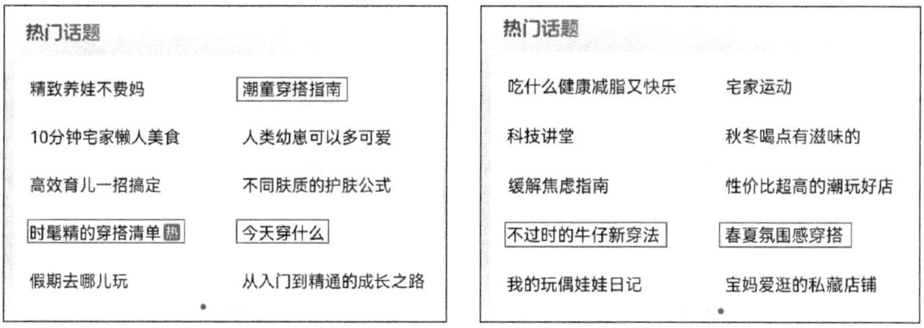

热门话题	
精致养娃不费妈	潮童穿搭指南
10分钟宅家懒人美食	人类幼崽可以多可爱
高效育儿一招搞定	不同肤质的护肤公式
时髦精的穿搭清单 热	今天穿什么
假期去哪儿玩	从入门到精通的成长之路

热门话题	
吃什么健康减脂又快乐	宅家运动
科技讲堂	秋冬喝点有滋味的
缓解焦虑指南	性价比超高的潮玩好店
不过时的牛仔新穿法	春夏氛围感穿搭
我的玩偶娃娃日记	宝妈爱逛的私藏店铺

图6-11 淘宝“逛逛”板块的热门话题

图6-12 微博上的穿搭账号

图6-13 抖音上的穿搭账号

2．策划选题

在策划选题时，创作者可以采用以下方法。

（1）细分话题法

创作者可以在知乎、抖音上搜索“穿搭”话题，会有很多细分话题，如知乎上有服饰搭配、学穿搭、男士穿搭、穿搭技巧、女士穿搭、时尚穿搭、秋冬穿搭等细分话题（见图6-14），抖音上有ootd穿搭（网络流行语，指今日穿搭）、显瘦穿搭、气质穿搭、夏季穿搭、每日穿搭、秋冬穿搭、男生穿搭等细分话题，如图6-15所示。创作者可以结合自身经验和专业能力写作相应的细分文案。

（2）根据用户标签关键词扩展选题

创作者可以从穿搭产品对应的目标用户群入手，寻找用户的标签关键词。例如，显瘦穿搭的目标用户群为“身材稍微臃肿的年轻用户”，对应的关键词为“身材”“年轻”“臃肿”等。

图6-14 知乎上的穿搭细分话题

图6-15 抖音上的穿搭细分话题

除了直接的用户标签关键词，创作者还可以把用户标签进行细化和扩展，生成一些对应的扩展词。例如，根据用户喜欢的穿衣风格，创作者可以把用户分为休闲型、职业型、运动型、时尚型等，对应地扩展出“休闲穿搭”“职场穿搭”“运动风格穿搭”“时尚穿搭”等关键词。对“职场穿搭”这个标签，创作者可以进一步细化，如“职场面试穿搭”“职场日常穿搭”“职场会议穿搭”等。

（3）发散思维思考法

创作者可以使用树状图将介绍的混搭服装拆解开来介绍，分为卫衣、衬衫、牛仔、毛衣等类型，分别介绍其优势与特色，尽量把每一类服装的优势特征拆解清楚，越详细越好，这样可以为短视频文案积累更多的素材，如图6-16所示。

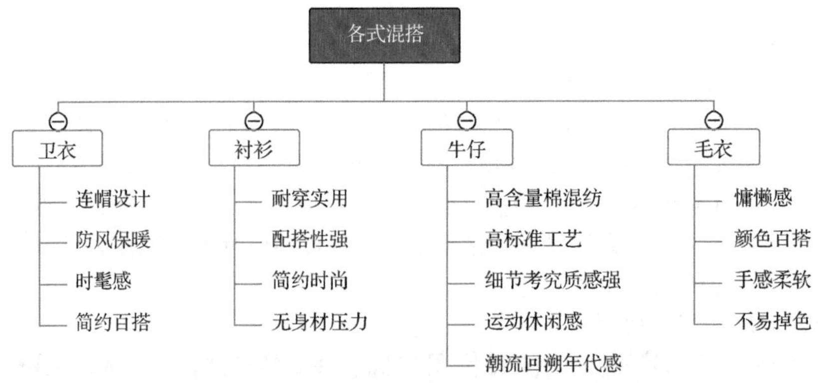

图6-16 发散思维思考法

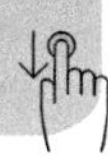

3. 文案写作技巧

在写作穿搭推荐类短视频文案时，可以采用以下技巧。

（1）紧跟潮流，向用户提供时尚新观点

潮流和时尚会随着时间不断变化，所以创作者要不断学习，紧跟时代潮流，而且与其他竞争类短视频相比，还要有自己的观点和见解，让用户看到后觉得无可替代。

由于每位用户都对时尚有着自己的观点，创作者不能强行把自己的观点灌输给用户，而应借用短视频内容，潜移默化地把自己对时尚的理解传达给用户，这样才更容易被用户所接受。

时尚类的穿搭短视频可以分为当季流行讲解与个人穿搭分享，如表6-2所示。

表6-2　时尚类穿搭短视频分类及文案举例

分类	说明	文案举例
当季流行讲解	创作者要对服装饰品的流行元素和原理有较深的了解，还要了解不同的常见品牌，这样才能全方位地解析流行趋势，并让用户知晓	“今年秋冬流行的四种穿搭风格，姐妹们记得收藏”
个人穿搭分享	分享自己的穿搭心得，贴近普通人的生活，使用户产生亲切感	“拒绝‘塑料感’穿搭！拿捏这些小细节，30岁姐姐的魅力谁能挡得住”

（2）合理运用穿搭各要素

在介绍穿搭时，创作者可以根据实际情况合理运用穿搭的各个要素，如基础款、色彩搭配、配饰、层叠搭配等。

无论什么风格的穿搭，基础款是不可或缺的，如白色T恤、牛仔裤、白衬衫等，通过巧妙搭配，简单的基础款也能穿出时尚感。在讲解基础款穿搭时，要着重介绍如何采用简单的方式把基础款搭配好，让用户用最快的时间学会穿搭技巧。

例如，某短视频博主在教用户基础款穿搭时只用了一招就提升了穿衣品位：“一件白衬衫加一条牛仔裤，穿上去感觉普普通通，那怎样在这个基础上变高级呢？其实真的很简单，高级主要是简洁、有层次。我们可以给白衬衫和牛仔裤的搭配增加层次感，那需要准备的就是一件T恤，有这个T恤作为内搭，外面的衬衫开3个扣，再把衬衫底部塞到牛仔裤里面。”

色彩搭配是穿搭的关键之一，创作者可以在短视频中尝试一些不同的色彩组合，但要选择适合自己肤色的颜色，让整体造型更出彩，如鲜艳的上衣搭配深色裤子、冷暖色调混搭等。在讲解色彩搭配时，创作者可以介绍穿搭配色公式，并用形象的案例来证明配色的合理性，或者举出不恰当的配色案例，让用户避免错误配色。

例如，某穿搭博主向用户介绍了3个配色技巧，其短视频标题为“只要听懂这个视频，你距离穿搭博主就不远了”，话题标签为“干货分享”“穿搭技巧”“种草”“色彩搭配”，如图6-17所示。其短视频文案为：“1分钟教会你穿搭博主的穿搭配色逻辑。首先，最基础的上浅下深、上深下浅，这种穿搭的例子有很多，这种配色不仅会增强整个穿搭的颜色对比度，还会让平衡感更强；其次，颜色要从自身找，像这几张图片的博主就是用了这个法则，粉色裤子和T恤的字母做呼应，蓝色的长裤和T恤的印花做呼应，帽子或者配饰发带都和T恤的红色对应。这样搭配的细节感真的超强，但是你都穿纯色，那就当我没说；最后，对比色做点缀，相近色做搭配，例如，上身和下身的衣服用相近色，而配饰用对比色做点缀，这种搭配会让穿搭既高级又不单调。切记，颜色的饱和度要低一点啊，大红配大绿，谁也救不了啊。”

图6-17　穿搭博主发布的短视频

配饰也是提升穿搭品位的关键元素，帽子、项链、鞋子等的合理搭配会让一个人的整体造型更有亮点。需要注意的是，选择的配饰不能过于花哨，要与服装风格相一致。在介绍配饰搭配时，一般也要着重强调搭配的简单、快捷和易学，如某短视频博主的短视频标题文案为："教3个简单易学的穿搭公式，看完别再说不会搭项链了！"

在秋冬季节，不同长度和厚度的衣物层叠搭配，不仅可以增加层次感，还可以根据天气变化自由调整。在进行层叠搭配时，创作者要注意颜色和材质的搭配，避免过于杂乱。关于层叠搭配，短视频文案的主体一般以介绍搭配技巧为主。为了吸引用户观看短视频，短视频标题可以进行设问，提出问题供用户思考，并在短视频中提供答案，这样用户就会在问题的驱动下打开短视频进行观看。例如，"为什么博主叠穿层次丰富，好看又不会显臃肿？自己一尝试就感觉胖了2、3千克？答案都在短视频里！"

（3）根据不同短视频形式写作穿搭文案

短视频的形式有很多种，创作者可以根据不同的短视频形式写作不同介绍穿搭的文案。

① 街头采访类

街头采访类短视频主要展示路人穿搭风格，采访者会询问路人一个主题式问题，记录不同路人的回答，同时用镜头展示路人的穿搭。这类短视频一般不会特意写作固定的文案，而是提前拟定拍摄提纲，提出一个主题式问题即可。

例如，某短视频博主创作了"路人穿搭"系列，整个系列都是在问路人同一个问题："你今天的穿搭值多少钱？"然后短视频会在画面中列出路人的回答，即"衣服×××元、裙子×××元、鞋子×××元"，并让路人说出自己的整体穿搭风格，最后请求拍摄穿搭照片，为用户提供穿搭参考。

② 变装类

变装类是指在一个短视频中，同一个人在做同一套动作的过程中，身上的服装一直处于不断变换的状态，此时出镜人物担任的是模特角色，可以向用户展示同一人进行不同穿搭的状态。同时，短视频画面中要在变装时标注穿搭风格和搭配的服装名称，给用户指导和参考。这类短视频一般文案很少，重在以快节奏的形式吸引用户观看。

例如，某短视频博主在向用户推荐各种穿搭时，其标题文案为“好看的穿搭其实跟脸没多大关系”，帮助用户减轻容貌焦虑，让用户用合适的穿搭来提升自己的气质，如图6-18所示。

图6-18　变装类短视频

③ 罗列类

罗列类是指按照总分的形式展开的内容类型，文案一开始先总结主题，如“秋冬保暖一周穿搭，先收藏，冷的时候照着穿”，画面中会把文案列出来，并把一周之内工作日的穿搭放在衣架上。然后，出镜人物分别穿着每一天的服装展示穿搭风格，如“Look1：灰色毛衣+牛仔裤+驼色大衣”“Look2：高领内搭+绒面伞裙+小香风外套”“Look3：针织条纹+牛仔裤+双排扣大衣”“Look4：摇粒绒外套+白色牛仔裤”“Look5：中长款羽绒服+鲨鱼裤”。

另外，创作者还要详细介绍穿搭的特色，例如，出镜人物在展示Look1后，文案详细介绍了该穿搭的注意事项：“第一，要选择灰色毛衣搭配深蓝色牛仔裤，把头发扎起来更显利索。搭配驼色大衣，立显秋冬氛围感。冷的话搭配灰色围巾，色系呼应。这样穿在秋冬太有氛围感了。”最后，文案要列出每一款穿搭服装或配饰的品牌名称，便于感兴趣的用户到电商平台下单。

④ 真人口播

真人口播类是指创作者亲自在镜头前向用户讲解穿搭技巧和干货知识，搭配试穿展示和品牌介绍，为用户提供详尽的穿搭指导。这些实用性较强的内容往往更容易获得用户的点赞和互动。

例如，某短视频博主详细讲解了选择配饰进行穿搭的技巧，其短视频标题文案为：“穿搭干货！选好配饰，秋冬毫不费力打造穿搭精致感！”文案中列举了项链与衣服的搭配公式：“一、圆领戴长，V领戴短；二、简约戴复杂，复杂戴简约；三、修身戴小，宽松戴大。”最后，创作者推荐了某品牌的项链，可以搭配各种类型的衣服。

（4）设置准确化的话题标签

在短视频平台上发布短视频时，创作者添加的话题标签要准确化、具体化、细分化。如果将标签设置为“女装”，涵盖范围太广，可以将标签设置为“秋冬穿搭”“时尚穿搭”“温柔风穿搭”等限定性词语，这类标签精确性更高，可以使短视频在分发时深入垂直领域，找到真正的目标用户群体。

在微信视频号生态中，服饰类目的整体销售额占比将近60%，这离不开穿搭达人们的助力。在微信视频号穿搭领域Top50榜单中，穿搭达人的人设可以分为两类：一是以形象搭配顾问、礼仪培训师、衣橱管理专家等专业身份示众；二是以宝妈、高学历人士及爱分享穿搭的买手形象出镜。“美桐形象美学”属于前者。

“美桐形象美学”以博主本人的照片作为账号头像，照片中的人物形象精致，有很强的专业气质，其账号简介详细介绍了自己的专业身份：“形象管理专家、衣橱管理专家；AICI上海分会教育及认证主席；衣橱管理领域实战派专家；已为1000多位客户提供形象咨询。”

在“美桐形象美学”账号主页中，所有的短视频封面都使用了统一的风格，即“博主本人面对镜头讲解的画面+白色和红色相搭配的封面文字”（见图6-19），这让用户可以一眼就能认出账号，有利于打造其个人品牌。

该账号下的某条短视频标题为“高领毛衫搭配的五个秘诀”（见图6-20），其关键词为“高领毛衫”“搭配”，并以数字化形式总结了短视频文案的主题，这可以吸引对高领毛衫搭配感兴趣的用户。短视频文案的正文以并列的方式介绍了5个高领毛衫的穿搭公式：“绝大多数中年女性没有把高领毛衫穿出高贵、典雅的感觉，主要是因为搭配没选对，5个穿搭公式让你告别臃肿土气：第一，高领毛衫配项链，显瘦又时髦；第二，高领毛衫叠搭衬衫，气质又知性；第三，高领毛衫配马甲，遮肉又俏皮；第四，高领毛衫配小香风外套，高级又贵气；第五，别忘记高领毛衫配长条丝巾，走到哪里都是优雅的典范。以上五点让你轻松驾驭高领毛衫。”

图6-19　短视频封面

图6-20　短视频标题

“美桐形象美学”的出镜形象优雅而知性，分享的大多是“中年女性如何摆脱大妈感”“50岁女性的减龄穿搭”等话题，可以看出，该账号的目标用户群体为40岁以上的女性。作为面向这些人群、更契合这些人群喜好的穿搭顾问，逐渐获得了用户的信任。

6.2.3 穿搭推荐类直播文案的写作

在穿搭推荐类直播中，主播会向用户展示如何搭配不同的服装，这就要求主播拥有一定的时尚品位和搭配技能，同时对不同场合、不同身材的穿搭技巧有深入的了解。在写作这类文案时，直播文案更侧重于直播话术的写作，主播要明确直播主题，确立直播话术的方向，这样才能在直播过程中灵活应对，将穿搭的专业知识用通俗易懂的方式讲解出来。

1. 确立直播话术方向

在进行穿搭推荐类直播之前，主播要知道该介绍什么，这样才能确立直播话术的方向。服装穿搭推荐的内容分为服装风格、服装版式、服装颜色、服装面料、服装工艺等。

（1）服装风格

针对不同的服装风格，主播可以说的话术也有所区别。下面列举一些常见的风格及其话术的主要方向，如表6-3所示。

表6-3 服装风格及其话术的主要方向

服装风格	话术的主要方向
艺术风格	复古风、清新风、小香风、学院风
地区风格	法式、韩系、日系、美系
触觉风格	爽滑、柔软、粗细、轻薄
材质风格	轻重感、软硬感、粗细感、光滑感、立体感、顺垂感、蓬松感

（2）服装版型

主播可以根据不同的版型提出一些服装穿搭建议，使用户更有针对性地选择产品，促成更多交易。下面列举一些常见的版型及其话术的主要方向，如表6-4所示。

表6-4 服装版型及其话术的主要方向

服装版型	话术的主要方向
A形	适合肩宽、胯宽、腿粗、腹部凸出的人群，对腰部或臀部比较粗壮的体形有很好的修饰作用
H形	适合溜肩、肩窄、胯窄、体形微胖或偏瘦的人群
X形	适合肩窄、小腹凸出、臀部宽的人群，可以修饰腿部，凸显身材线条
O形	适合肩宽、小腹凸出、臀部宽的人群，可以有效掩饰腰臀粗壮的梨形身材

（3）服装颜色

服装颜色是用户比较关注的点，主播要告知用户服装的某种颜色具备什么样的特点，并给出一些选择。下面列举常见的服装颜色及其话术的主要方向，如表6-5所示。

表6-5 服装颜色及其话术的主要方向

服装颜色	话术的主要方向
红色	热情、活泼、激情、喜庆
绿色	文艺、清新、清爽

续表

服装颜色	话术的主要方向
白色	明快、纯洁、百搭色
灰色	高雅、简朴、冷淡
黑色	深沉、庄重、神秘、百搭色

（4）服装面料

不同面料的色泽是不同的，柔软度和亲肤性也不一样。下面列举常见的服装面料及其话术的主要方向，如表6-6所示。

表6-6　服装面料及其话术的主要方向

服装面料	话术的主要方向
纯棉	吸汗、透气性好
真丝	具有顺垂的光泽度和高级感
涤纶	耐热性和耐磨性强
缎面	质地细密柔软

（5）服装工艺

讲解服装款式、工艺、细节或设计亮点，会让直播间显得更加专业。下面列举一些常见的服装工艺及其话术的主要方向，如表6-7所示。

表6-7　服装工艺及其话术的主要方向

服装工艺	话术的主要方向
图案	印花清晰、图案立体、色彩明朗、绣花紧密
做工	包边、拉链、水洗工艺、重工、三标齐全
细节	车针走线、领口、袖口、下摆的设计巧思

2. 穿搭推荐类直播话术的写作要点

在直播过程中，主播如何讲解穿搭技巧，如何在介绍专业知识和通俗易懂之间做好平衡，是值得主播思考的问题。下面介绍一些穿搭推荐类直播话术的写作要点。

（1）服装穿搭引导

主播可以亲自试穿服装，进行服装搭配，为用户讲解穿搭技巧，然后用话术引导用户参与互动，提升直播间的人气。

“蕾丝衬衫选用双色股线蕾丝面料，柔软舒适；领口花式打揽，加上系带，具有灵动感；袖口的木耳边设计，浪漫典雅，穿上显气质，搭配黑色半裙，更加优雅大方。”

“我现在给大家展示一下服装搭配，就是我身上这套衣服，搭配外套和包包，还有一点很重要，那就是一定要选一双漂亮的袜子，袜子是这套衣服的重点。如果袜子搭配不好，这套穿搭就没有灵魂。点亮左上角灯牌，主播马上分享给你。”

“你们看看这面料，多么柔软、舒适，我穿上都不舍得脱下来了。喜欢的姐妹扣1，让我看一看有多少人喜欢这套衣服。”

（2）强调最新流行趋势

用户对流行趋势的关注度较高，这为服装品牌的设计与销售提供了更多的机会。年轻人是时尚、服装等领域的主要消费群体，他们对潮流的追求更为积极。因此，主播在介绍穿搭时强调这是最新流行趋势，会对用户产生强烈的吸引力。

“看看现在最流行的衣服是什么，我们家就是跟着流行趋势走，在这里可以看到和名人平时穿的一样的款式，下身穿小裙子和长袜，搭配这种克莱因蓝，简直是太好看了！”

“黑色与白色经历了时代的变迁和现代时装发展的洗礼，仍然经典、不过时。尽管每当新的时装季到来，服装设计师们都会重新调整趋势的调色盘，但黑白色彩并不会被淘汰。这款服装就采用了黑白色系，黑白两色相搭配，经典而时尚，一直站在时尚前沿。”

（3）利用穿着效果体现产品价值

主播可以让副播试穿或者亲自试穿推荐的服装，并讲解服装穿搭可以给用户带来的价值和利益。

“主播今天给大家挑的款式都是大牌视觉款，我穿的这一身不管是黑色还是白色，都非常好看，而且这个白色的款式特别适合逛街时穿。主播今天这一身衣服数量有限，抓紧拍，以后就没有这个价格了。来，准备改价上链接，3-2-1！”

“这一款是适合秋冬穿的呢子短裙，面料垂感抗皱，柔软亲肤，前片翻折装饰扣设计非常特别，还有撞色的三角针工艺，精致又大方，女生穿出去的话，回头率会非常高！”

“咱们这款烟灰色牛仔裤，既宽松又休闲，而且能修饰腿形，穿上显高、显瘦。裤脚翻边撞色设计，让人眼前一亮，搭配白色卫衣会显得年轻有活力。马上就要过节了，买回家，过节时穿出去，朋友肯定会夸赞你穿衣有品位。”

“冬天就要到了，在冬天，少不了要穿一件羊绒毛衣。我的助理穿着的这款经典羊绒毛衣既柔软又舒适，可以伴随大家优雅地度过寒冷的冬天，宽松、休闲的轮廓包容身形，下摆上的绣标更是点睛之笔，为一件基础款毛衣增添了可爱俏皮感。”

（4）积极回应用户的反馈

如果用户在看到主播的穿搭风格后，对自己的身材没信心，例如说：“主播的身材好，穿什么都好看，我身材胖，穿不了！”这时主播要及时鼓励用户，并询问用户的身高、体重，为其推荐合身的显瘦衣服，如“朋友，每个人的身材不一样，但都很美，你的身高、体重也在正常范围内，你可以穿这一身，穿上它，整个人看起来就会非常有气质。”

在穿搭领域，以专业搭配师身份出镜的“美桐形象美学”以分享穿搭知识技巧+卖货的逻辑进行直播。一开始，“美桐形象美学”在入驻微信视频号时难以适应，沿用了过往的快节奏卖货风格，但很快发现这种做法无法留住用户。因为微信视频号直播不提倡目前通行的快节奏、叫卖式直播，甚至不会提供流量加持，而是希望主播对用户真诚，讲清楚产品的核心价值，引导用户理性消费。

于是，“美桐形象美学”及时调整了策略，开始以事实为依据，用朋友的口吻和用户聊天，介绍产品，并提供更多与用户相关的知识内容。

“美桐形象美学”确立了一种追随式的购物模式，直播间的直播节奏很慢，更常说的是“夏天鞋子如何搭配裙子”等穿搭知识，与其说是在卖货，不如说是在上课，是在教用户如何变美。

经过反复摸索，“美桐形象美学”的主播与用户建立了信任感，开启了常态化直播+投流，“6·18”大促期间，“美桐形象美学”的预期销售额为800万元，最终超额完成目标，实现1300万元的销售额。

6.3 产品讲解类短视频与直播文案的写作

产品讲解类短视频与直播是指能够生动、形象地展示产品特色，对产品起到推广作用的短视频与直播。产品讲解类短视频与直播可以让用户非常直观地了解产品的基本信息和设计亮点，多方位、多角度地展示产品细节，这比单纯的图片和文字更令人信服，且能增强视听体验，更具有感官冲击力，从视觉和听觉上激发用户产生购买欲，提升用户的满意度，最终提高产品转化率。

6.3.1 产品讲解类短视频与直播文案的特点

产品讲解类短视频与直播文案在写作方面各有其特点，接下来分别说明各自的特点。

1. 产品讲解类短视频文案的特点

（1）注重产品功能和效果展示

产品讲解类短视频文案主打产品内容，以产品功能和效果展示为主，这才是用户最为关注的部分。

（2）突出产品与众不同的卖点

产品讲解类短视频会对产品的特点进行详细介绍，如材质、功能、尺寸等，可以通过展示产品的使用场景和效果来引发用户的兴趣，还可以提及产品的优势，如高性价比、耐用性等。重点是用简练的语言准确描述产品的价值和特色，以吸引用户的注意力。

“人无我有，人有我优”，这样的优势是吸引用户下单购买产品的重要因素，展示优势是提升产品竞争力的重要一环。因此，为了更好地吸引用户，产品讲解类短视频注重突出产品与众不同的卖点和优势。例如，推荐某款智能家居产品时，可以强调其智能化、便捷性、健康和环保等特点。

（3）产品信息简明扼要、清晰易懂

一般来说，产品短视频的时长较短，所以创作者要在有限的时间内向用户展示产品的卖点和亮点，使用户在短时间内掌握有效信息，从而激发他们的购买欲望。产品短视频的时间一般控制在30秒左右，内容分布要合理，在短视频开头几秒要做到先声夺人，将产品吸引用户的卖点展示出来，吸引用户继续观看下去。

2. 产品讲解类直播文案的特点

（1）说服力强

产品讲解类直播文案的说服力强。产品信息的传播要参照用户的接受能力，因此主播的语言要通俗易懂，便于记忆，有利于二次传播。过于专业的讲解会让用户不知所云，降低对产品的认知度。

（2）满足用户的心理诉求

直播文案中阐述的产品卖点是根据市场需求或潜在需求确定的，有其实际使用价值，可以满足用户的心理诉求。

（3）信息量大

产品讲解类直播需要传递给用户大量的信息，包括产品的技术参数、性能比较、使用效果等，以帮助用户充分了解产品的优势和特点。

（4）结构清晰

产品讲解类直播文案有一个清晰的结构，包括开场白、主体内容和结尾总结等部分。开场白需要吸引用户的注意力，主体内容需要详细介绍产品的特点和功能，结尾总结需要强调产品的优势和购买方式等。

6.3.2 产品讲解类短视频文案的写作

产品讲解类短视频文案的写作工作包括以下内容。

1. 积累素材

在写作产品讲解类短视频文案（以讲解新款手机为例）之前，创作者要先积累足够的素材。在积累素材时，主要有以下渠道。

（1）阅读相关书籍

创作者可以提前阅读与手机有关的书籍，了解手机摄影、手机性能指标、手机工作原理等方面的知识，以便在讲解手机性能时可以把专业知识讲得轻松易懂，便于用户理解。

（2）收集热门话题

在写作短视频文案之前，收集手机数码类的热门话题，找到自己所做选题的角度，并与之结合。现在手机厂商十分注重手机的拍摄性能，其发布会也会特意强调新款手机的拍摄性能。因此，创作者可以从“微博手机影像年”活动（见图6-21）出发，根据各品牌手机产品拍摄的作品来讲解各品牌手机产品的拍摄性能，也可以在微博的热门话题板块找到与手机有关的热门话题（见图6-22），看能否找到灵感。

图6-21　微博手机影像年

图6-22　微博上与手机有关的热门话题

（3）收集网络素材

创作者可以利用关键词在搜索引擎中搜索与手机数码相关的素材，也可以在各大社交媒体平台搜索相关内容，并将有用的内容收藏备用。另外，创作者也可以在微博、抖音上搜索手机数码领域的相关账号，观察竞品账号的内容，如图6-23和图6-24所示。

图6-23　微博上的手机数码竞品账号

图6-24　抖音上的手机数码竞品账号

2. 策划选题

在策划选题时，创作者可以采用以下方法。

（1）细分话题法

创作者可以在知乎、抖音上搜索“手机”话题，会有很多细分话题，如知乎上有手机游戏、手机摄影、小米手机、Android手机、华为手机、手机壁纸、智能手机等细分话题（见图6-25），抖音上有手机壳、手机摄影、玩手机、修手机、手机膜、二手机、苹果手机等细分话题，如图6-26所示。创作者可以结合自身经验和专业能力写作相应的细分文案。

（2）发散思维思考法

创作者可以使用树状图，树状图的主干填写手机的核心卖点，在每个枝干上再进行细分和联想，发散出更多的关键词，如图6-27所示。

图6-25　知乎上的手机细分话题

图6-26　抖音上的手机细分话题

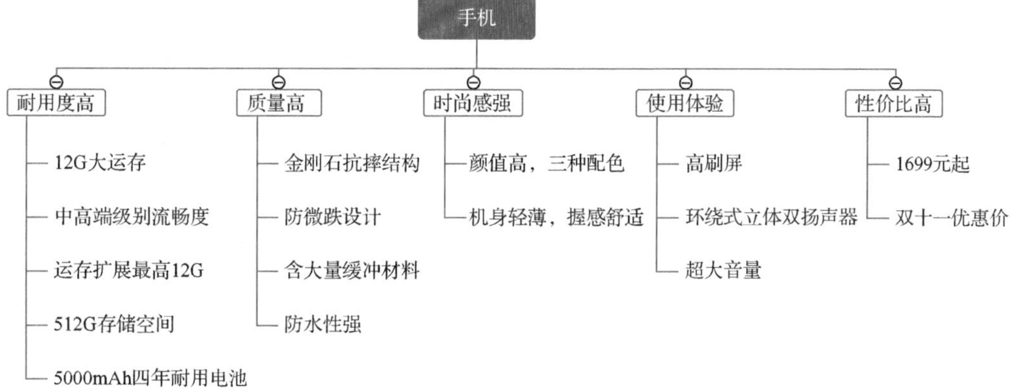

图6-27　发散思维思考法

3. 文案写作技巧

产品讲解类短视频文案要着重介绍产品卖点及能够给用户带来的利益，并通过增加信任感等方式激发用户的购买欲望。

（1）展示产品的特点和功能

产品展示是产品讲解类短视频中非常重要的一环，创作者在短视频中展示产品的使用方法、操作步骤和使用效果，可以让用户直观地了解产品的特点和功能。

在展示产品功能时，创作者可以将自己的产品与其他产品进行对比，以凸显产品优势。例如，在展示一款汽车导航仪时，创作者可以把它与传统的地图导航方式进行对比，以突出导航仪的准确性和便捷性。短视频文案为：“这款车机系统就是×××品牌4G全网通安卓智能车机导航，它支持语音声控，跟它说一声，就可以到达你想去的地方。高德地图车机版导航，哪里堵车一目了然，手机上的定位也可以发送到车机来进行导航。它采用IPS高清液晶显示屏，操作简单流畅，并且支持安卓应用市场海量App下载，可以听歌、听广播，而且它的音质效果没的说，画面也非常清晰。”图6-28所示为使用该文案的短视频画面。

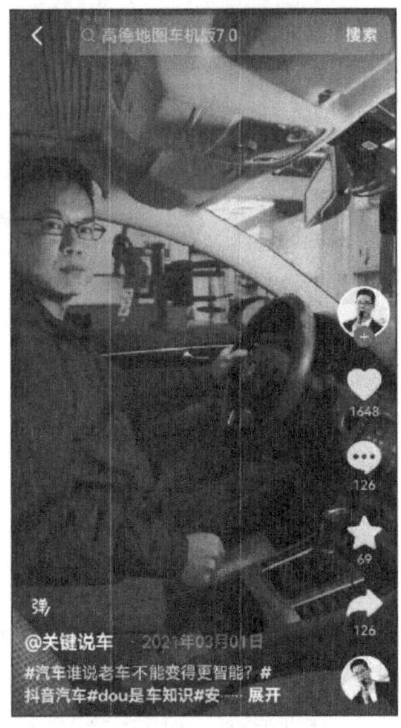

图6-28 展示某款汽车导航仪的特点和功能

（2）介绍品牌背景

了解品牌背景有利于用户更好地做出购买决策，因此在产品讲解类短视频中适当介绍品牌的历史、理念和优势是十分必要的。

- **品牌历史**：介绍品牌的发展历程，如成立时间、品牌起源和发展过程，可以增加用户对品牌的信任度，使用户觉得品牌的可靠性更高。
- **品牌理念**：介绍品牌的核心理念和价值观，如注重环保、健康、科技等，以文字或图片进行展示，使用户感受到品牌的独特魅力，增加其对品牌的好感。
- **品牌优势**：介绍品牌的优势和获得的荣誉，如奖项、口碑等，以客观事实证明品牌的价值和市场地位，提升用户对品牌的认同，促使其产生对品牌产品的购买欲望。

（3）引用用户评价

其他用户的真实评价可以增加产品的可信度和说服力，所以创作者可以在短视频中适当引用其他用户对产品的评价。

在选择用户评价时，创作者要选择正面、积极的评价，且要富有代表性，提升用户对产品的信任度，如“这款产品很好用，非常方便、实用”“使用这款产品后，我的生活变得更轻松、更舒适”。

为了增强产品的说服力，创作者可以在短视频中引用一些名人或行业专家的正面评价。例如，在讲解一款化妆品时，创作者可以引用某知名化妆师或某位名人的正面评价。

（4）利用实验进行验证

在短视频中做实验，可以用直观的实验结果来提升用户对产品效果的认知度。创作者要展示实验过程和使用产品的效果对比来证明产品的功能，要保证实验的真实性和公正性，实验结果要客观，不能夸大或掩盖事实。真实可信的实验可以证实产品的效果，进而使用户增加对产品的信任，更有利于用户做出购买决策。

例如，某茶具店的店主在短视频中介绍自己销售的茶具，采用做实验的方式证明产品的质量，该短视频的文案为："我今天拍视频给大家做实验，我先把我这个×××杯放到冰箱里冻起来，先冻两个小时，然后再看咱家的×××杯是不是和主播所说的一样啊，加上100℃滚烫的沸水不炸裂。（把杯子放到冰箱冷冻室）来了啊，一不留神天都黑了，看看×××杯，没有问题吧。这就是我在直播间说的冻得泛白。（烧开水）100℃的水，刚从冰箱里拿出来的×××杯，这白雾去得真快。（在杯内倒开水）事实证明，×××杯是没有问题的。"

（5）介绍促销活动

在短视频中介绍产品的促销活动，可以利用降价折扣、提供赠品或套餐的方式，增加用户的购买欲望和冲动。在介绍产品的价格优惠时，短视频文案要强调优惠的力度，可以突出原价和优惠价的对比，让用户感受到实惠。

例如，良品铺子在短视频中为直播预热时，在短视频文案中强调了直播间给出的优惠，但没有给出具体优惠信息，制造了悬念，吸引用户去直播间购买（见图6-29）："这箱送的，这箱送的，这箱、这箱还是送的！现在再送你两箱沙琪玛，再送你一箱蛋黄酥，到手足足3千克，就只要这个数，赶快来直播间看看吧。"

图6-29　介绍促销活动

（6）提供信任保障

在短视频中为用户提供产品的信任保障是非常有必要的，这会让用户觉得购买该产品是安全可靠的。例如，文案提及产品的质量保证和售后服务，介绍产品的退换货政策、质量保证期限等，还可以提及品牌的售后服务热线、客服等，使用户感知到一旦出现问题可以随时解决，解除其后顾之忧。例如，某品牌官方短视频账号在短视频中介绍自己的售后服务，其标题文案为："做好品质与售后，让你一台仪器放心使用3～8年，优秀的售后维修服务，选择×××等于选择放心！"

此外，短视频文案还可以引用第三方机构的认证和评价，以进一步增加产品的可信度，如产品通过ISO质量认证等。

（7）展示用户案例

创作者通过展示其他用户的使用案例和体验，可以让用户感受到产品的真实效果。在短视频中，创作者要选择一些有代表性的用户案例进行展示，以文字、图片或视频的方式使用户了解其他用户对该产品的感受和满意程度，从而增加其对产品的信任度，最终做出购买决策。

例如，短视频账号“苏泊尔小家电旗舰店”在短视频中介绍自家产品时就引用了买家秀（见图6-30），让用户看到产品的口碑：“苏泊尔的电饭锅好不好用，我说了不算，先看买家秀（画面中出现买家好评）苏泊尔蓝钻球釜内胆电饭煲，就是这么受欢迎。”其短视频标题文案为：“大牌真的值得信赖！苏泊尔蓝钻球釜电饭煲快来试试吧！”

图6-30　展示用户案例1

需要注意的是，展示的用户案例应是正面、积极的事例，可以选择影响力较大的用户，如行业权威、知名博主等，通过引用这些用户的评价和使用经历，使其他用户觉得产品有很强的公信力，已获得市场上的普遍认可。

（8）讲解购买方式

在利用短视频推荐产品时，创作者要提供方便、快捷的购买方式。例如，在短视频中清晰地介绍购买产品的方式和步骤，以便于用户购买；或者提供购买链接，让用户直接点击链接进行购买；还可以介绍一些购买渠道的特点和优势，如线上购买便捷、线下购买可试用等。

在介绍购买方式时，创作者要展示购买流程和步骤，并点明一些购买提示和注意事项，关键是要简单明了地说出购买方式，让用户不需花费太多时间和精力就能成功购买，这样一来就增加了购买的便捷性和转化率。例如，创作者可以提醒用户输入优惠码来获得优惠，或者让用户关注售后服务的具体细节。

在2023年“双十一购物节”活动期间，美的小家电旗舰店每天都在进行直播，为用户推荐精品好货，与此同时，企业的营销团队也在短视频账号为直播间引流，并介绍直播间中将会出现的产品。例如，在短视频文案中介绍美的电高压锅时主播是这样说的：“趁美的做活动，买了一台电压力锅，颜值超高，10个功能可供选择，旋钮开盖，一键排气更安全，关键它有两个内胆，黑晶内胆用来炖肉煲汤，导热保温效果好；还有一个黄晶内胆，煮饭煮粥不粘锅；5升容量。心动不如行动，赶紧来我直播间吧。”

主播在介绍美的电高压锅时，主要介绍的是美的电高压锅的功能和特点，而在另一条短视频中，短视频文案还说出了产品的优惠活动（见图6-31）：“任何人错过这个压力锅都会后悔，因为它和普通压力锅不一样，它可以很快地煲好一锅浓汤，炖出馋哭小孩的猪蹄，还有香糯的米饭，而且内胆清洗起来也太简单了，关键它能省下不少的燃气费，现在购买还多送一个内胆。”

在该账号发布的短视频中，有的会展示用户案例，增强产品的说服力（见图6-32）：“上次给老妈买了这款电压力锅，她逢人就推荐，不为别的，因为它的功能是真多，用它来蒸饭、煮粥、炖汤、热卤啥的，简直不要太方便。而且它有两个内胆，一个专门用来做饭，另一个用来做菜或煲汤。按键是加大屏设计，我爸妈也能快速上手操作。内胆还做了这种加高设计，即使塞下一整只鸡，也完全没有问题，放少许盐就能煲出鲜美的鸡汤。超好用的电压力锅，快给家里安排上同款吧。”这条短视频中展示的用户案例就是主播自己的妈妈，逢人就推荐产品，说明产品质量非常好，因此说服力比较强。

图6-31　产品优惠活动

图6-32　展示用户案例2

在活动期间，短视频账号“美的小家电旗舰店”发布多条短视频，以不同的侧重点介绍电压力锅，全面而详细地向用户介绍了产品高质、优惠的特性，让用户印象深刻，从而使其在特定时间前往直播间观看直播。

6.3.3 产品讲解类直播文案的写作

产品讲解类直播文案主要涉及产品讲解话术，而这一部分内容已经在第5章进行了充分讲解，在此不再赘述。在直播间进行产品讲解时，主播要控制直播节奏，确保讲解产品的过程中流程顺畅，而这就需要用到直播脚本。

直播脚本包括单品直播脚本和整场直播脚本。

1. 单品直播脚本

单品直播脚本是指以单个产品为对象，包含产品解说、产品名称、产品原价、直播间优惠价等内容的脚本。在一场直播中，主播会推荐多款产品，其中每一款产品都应有一份对应的单品直播脚本，以表格的形式将产品的卖点和优惠活动标注清楚，以防在直播间介绍产品时出现混淆。

例如，某款服装产品的单品直播脚本如表6-8所示。表中罗列了各种单品，介绍了产品卖点、日常价、直播活动价及核心卖点。不过，单品直播脚本只是一个大纲，主播在介绍单品时要与运营人员灵活配合，因为直播间的销售是动态的，当某个单品销售情况良好时，要及时商讨是否临时加库存。

表6-8 单品直播脚本

产品名称	产品卖点	日常价	直播活动价	核心卖点
×× 牌宽松卫衣	基础印花卫衣，袖口处的绿色印花使整件卫衣富有春天的气息	449 元	224.5 元	2 件 5 折 + 满 300 元减 50 元优惠券
IP 联名款卫衣	与某知名 IP 联名；小图案设计，简洁又个性	479 元	239.5 元	2 件 5 折 + 满 300 元减 50 元优惠券
×× 牌秋季新款卫衣	九分裤设计，哈伦裤的版式，超适合臀部肉多的女性，遮肉效果非常好	299 元	149.5 元	2 件 5 折 + 满 300 元减 50 元优惠券
×× 牌长袖卫衣	胸前大贴布印花设计，让你的卫衣更吸引眼球	499 元	249.5 元	2 件 5 折 + 满 300 元减 50 元优惠券
×× 牌蝙蝠袖卫衣	这款卫衣是短款设计，搭配裤子很显腿长，小个子可以买一件试试，当然，高个子穿了更显苗条	329 元	164.5 元	2 件 5 折 + 满 300 元减 50 元优惠券

2. 整场直播脚本

一整场直播一般会持续若干个小时，在这段时间内，主播要说什么，如何互动，保持怎样的节奏，何时推荐产品和送福利等，都要提前做好规划。因此，直播运营团队要设计整场直播脚本。

一般来说，整场直播脚本包含以下要素。

- **直播主题**：以用户需求为中心，为用户提供有用、有价值的信息，需要有亮点。
- **直播目标**：明确开直播要实现的目的，如增加粉丝、提升转化率、宣传新品等。
- **主播介绍**：介绍主播、副播的身份。
- **直播时间**：找准目标群体，在目标群体的集中闲暇时间开播，明确直播开始和结束的时间。
- **预告文案**：为即将开始的直播预热，预热文案要放大直播间的福利和为用户提供的利益点。
- **注意事项**：说明直播中需要注意的事项。
- **人员分工**：明确参与直播人员的具体职责。
- **直播流程**：详细具体地阐述直播流程，具体到分钟，把开场预热、产品讲解、优惠信息、用户互动等各环节的信息介绍清楚，使直播运营团队的人员各司其职。

表6-9所示为一份整场直播活动脚本的示例。

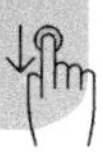

表6-9　整场直播活动脚本

直播活动概述					
直播主题	新品大牌，秀出必买清单				
直播目标	"吸粉"目标：吸引10万用户观看； 销售目标：从直播开始至直播结束，直播中推荐的3款新品销量突破10万件				
主播、副播	主播：××、品牌主理人、时尚博主；副播：××				
直播时间	2023年11月1日，20:00—22:30				
预告文案	直播间新品，超值买赠不能错过！关注点击开播提醒，11月1日20点来直播间，教你体验冬季护肤好方法，还有新品小黑管和花瓣粉底液，带你走进×××匠心的奇妙世界				
注意事项	①合理把控商品讲解节奏，即"单品讲解＋粉丝问题回复＋实时互动"； ②放大对商品功能的讲解； ③注意对用户提问的回复，多与用户进行互动，避免直播冷场； ④直播间互动玩法，下单即送洁颜油随机款4mL×3； ⑤下单备注"×××大卖"送×××啫喱1mL×2				
直播流程					
时间段	流程安排	人员分工			
		主播	副播	后台/客服	
20:00—20:10	开场预热	暖场互动，介绍开场截屏抽奖规则，引导用户关注直播间	演示参与截屏抽奖的方法；回复用户的问题	向粉丝群推送开播通知；收集中奖信息	
20:11—20:20	活动剧透	剧透今日新款产品、主推款产品，以及直播间优惠力度	补充主播遗漏的内容	向粉丝群推送本场直播活动	
20:21—20:40	讲解产品	分享冬季护肤注意事项，并讲解、试用第一款产品	配合主播演示产品使用方法和使用效果，引导用户下单	在直播间添加产品链接；回复用户关于订单的问题	
20:41—20:50	互动	为用户答疑解惑，与用户进行互动	引导用户参与互动	收集互动信息	
20:51—21:10	讲解产品	分享冬季护肤补水的技巧，并讲解、试用第二款产品	配合主播演示产品使用方法和使用效果，引导用户下单	在直播间添加产品链接；回复用户关于订单的问题	
21:11—21:15	福利赠送	向用户介绍抽奖规则，引导用户参与抽奖、下单	演示参与抽奖的方法	收集抽奖信息	
21:16—21:40	讲解产品	讲解、试用第三款产品	配合主播演示产品使用方法和使用效果；引导用户下单	在直播间添加产品链接；回复用户关于订单的问题	
21:41—22:20	产品返场	对3款产品进行返场讲解	配合主播讲解产品；回复用户的问题	回复用户关于订单的问题	
22:21—22:30	直播预告	预告下一场直播的时间、福利、直播产品等	引导用户关注直播间	回复用户关于订单的问题	

抖音账号"美的小家电旗舰店"在"双十一购物节"期间，每天都有主播进行直播，如图6-33所示。主播在直播间向用户打招呼以后，很快就开始介绍产品，并点明直播间的福利。在介绍产品时，主播重点介绍电压力锅的容量和功能："咱们这款电压力锅有两个内

胆，分开去用，有5升和6升两种容量。5升适合1～5人使用，有黄晶和黑晶内胆；6升适合6人及以上使用，有搪瓷和黑晶内胆。”“黑晶内胆为无涂层锅，用来炖肉煲汤，导热保温效果好；黄晶内胆可以用来煮饭、煮粥，有涂层，不会粘锅。”

图6-33　美的小家电旗舰店直播

在整场直播中，主播基本都在介绍电压力锅，属于电压力锅专场直播。除了介绍产品功能，她还重点介绍了产品的特色功能，戳中用户的痛点：“只要设置好时间，到时候电压力锅就会把饭做好，不用再起个大早匆匆忙忙地做饭，是不是很方便？”

在直播过程中，主播和副播会密切关注直播间用户的评论，然后及时反馈。直播间有用户提出问题：“设置好时间之后什么时候开始倒计时？”主播看到问题后及时回答：“只要你设置好时间，按下开始键，就开始倒计时了。”

在主播介绍产品时，副播主要是在旁边随时附和，强调产品的优势，同时也不会影响主播介绍产品的节奏，而下单步骤主要由副播来介绍。

为了减少用户下单时的顾虑，主播手持物料，向用户解释品牌提供的售后保障：“咱们这款产品可以放心使用，免费试用7天，7天之内可以无理由退换，另外还赠送运费险和1年质保，365天以换代修。咱们这是美的官方直发，正品保证，假1赔4。”

总体来看，整场直播的节奏较快，由于是官方正品，质量和口碑俱佳，主播讲解周到、具体，因此购买下单的用户数量很多，活动效果非常好。

6.4 生活展示类短视频与直播文案的写作

生活展示类短视频和直播主要用于记录并分享生活经历，其内容主要是生活中的日常小事。短视频和直播是展示美好生活的载体，同时它也在塑造着生活。因此，短视频和直播文案的写作要注重描述生活的美好，向用户传达积极、乐观的生活态度。

6.4.1 生活展示类短视频与直播文案的特点

生活展示类短视频与直播文案在写作方面各有其特点，接下来分别说明各自的特点。

1. 生活展示类短视频文案的特点

（1）真实

生活展示类短视频强调真实，展现普通人的日常生活和情感体验。这种真实感能让用户感到亲近，产生共鸣。

（2）细节

生活展示类短视频注重细节的展示，包括生活的点滴、感人的瞬间、美丽的风景等。这些细节能让用户深深地感受到生活的美好和丰富多彩。

（3）情感

生活展示类短视频通常包含强烈的情感元素，通过展现生活中的喜怒哀乐，亲情、友情、爱情等情感纽带，引发用户的情感共鸣。

（4）故事性

生活展示类短视频通常具有故事性，通过展示生活中的情节和事件，呈现出一个生动的故事世界。这种故事性能够吸引用户的注意力，让他们更深入地了解和感受生活的多样性和丰富性。

（5）个性化

生活展示类短视频注重个性化，展现出每个人的独特性和个性魅力。这种个性化能让用户感受到与众不同的体验和感受，增强短视频的吸引力和观赏价值。

（6）多样化的视角

生活展示类短视频的视角多样化，涵盖了不同的生活领域和人群。这种多样化能让用户了解到不同群体和个体的生活状态和情感体验，从而更全面地了解和认识生活的多样和复杂。

（7）积极向上的态度

生活展示类短视频通常具有积极向上的态度，传递正面的价值观和生活态度。这种积极向上的态度能够激励用户积极面对生活，珍惜每一个瞬间，追求美好的生活。

2. 生活展示类直播文案的特点

（1）真实自然

生活展示类直播强调真实自然，主播通常以自己的日常生活为背景，展示自己的生活习惯、兴趣爱好、人际关系等，让用户感受到真实的生活氛围。

（2）情感共鸣

生活展示类直播通常包含强烈的情感元素，主播通过分享自己的生活经历和情感体验，与用户产生情感共鸣。这种情感共鸣能够增强用户的黏性和忠诚度。

（3）内容多样化

生活展示类直播涵盖了多样化的内容，包括日常生活、旅游、美食、健身、学习等各个方面。这种多样性能够满足不同用户的需求和兴趣，增强直播的吸引力和观赏价值。

（4）实用性和指导性

生活展示类直播有时会提供实用性的建议和指导，用户可以通过观看直播学习到一些生活技能和知识，如烹饪技巧、家居装修、健康养生等。这种实用性和指导性能够吸引更多的用户，提高他们的参与度和满意度。

（5）氛围轻松愉悦

生活展示类直播通常具有轻松愉悦的氛围，主播会利用轻松、幽默的语言和表情来调节气氛，为用户营造轻松、愉悦的氛围，提升用户的观看体验。

6.4.2 生活展示类短视频文案的写作

每个人每天都要面对生活，在习惯自己的日常生活的同时，也会对他人的生活产生一定的兴趣，而生活展示类短视频就将他人的生活浓缩在几分钟之内，抓住某个场景的特性，把别人的生活展现在用户眼前。生活展示类短视频要在贴近人们生活的基础上为用户带来新奇的感受。

生活展示类短视频的主要形式为Vlog，创作者通过分享自己的日常生活，如日常穿搭、与宠物互动、旅游经历等，引起用户的好奇心，引发用户关注和积极互动。

与其他短视频相比，Vlog更加随意，带有更多的个人风格和个人特质。Vlog截取生活中很多美好的片段，但又不只是生活中零碎片段的组合，还要有一个完整的故事线，让用户理解创作者想要表达的情感和意境。

生活展示类短视频文案的写作包括以下内容。

1. 积累素材

在写作生活展示类短视频文案之前，创作者要先积累足够的素材。在积累素材时，主要有以下渠道。

（1）阅读相关书籍

由于Vlog记录的生活素材十分广泛，涉及旅游、历史、地理、人文、技能等方面，所以创作者首先要确定拍摄主题，然后在拍摄之前阅读与主题相关的书籍。例如，创作者想要拍摄自己出去游玩的视频，目的地是历史景点，有文化古迹，创作者就可以先阅读相关的书籍来积累素材。

（2）收集网络素材

创作者可以在百度等搜索引擎中搜索与Vlog相关的素材，或者在各大社交媒体平台搜索相关内容，看到有用的内容时及时收藏备用，也可以在微博、抖音上搜索Vlog领域的账号，观察竞品账号的具体内容，如图6-34和图6-35所示。

图6-34 微博上的Vlog竞品账号

图6-35 抖音上的Vlog竞品账号

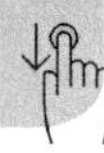

2. 策划选题

在策划选题时，创作者可以采用以下方法。

（1）细分选题法

创作者可以在知乎、微博上搜索“生活”话题，会有很多细分话题，如生活方式、生活常识、大学生活、城市生活、生活经历、车生活、一个人的生活（见图6-36），大学生活、记录生活、生活碎片、理想生活季、生活的模样、我们的美好生活等（见图6-37）；也可以在抖音平台上搜索“Vlog”话题，会有很多细分话题，如生活Vlog、旅行Vlog、情侣Vlog、工作Vlog、校园Vlog、骑行Vlog、开箱Vlog和化妆Vlog等（见图6-38），创作者可以结合自身经验和专业能力写作相应的细分文案。

图6-36　知乎上“生活”的细分话题

图6-37　微博上“生活”的细分话题

图6-38　抖音上“Vlog”的细分话题

（2）发散思维思考法

创作者可以策划系列选题，将生活Vlog按照各种细分类型进行排列，使用树状图清楚地规划好未来的拍摄流程，如图6-39所示。创作者可以充分开动脑筋，除了出外游玩、工作、开箱、周边游等方面，还可以开拓出更多细分类型的Vlog，而这些都可以成为系列选题，最终制作成视频合集，反映个人多姿多彩的生活。

图6-39　Vlog发散思维思考法

3. 文案写作技巧

在写作生活展示类短视频文案时，创作者可以重点考虑以下几点。

（1）合理采用叙述结构

一般而言，Vlog文案可以采用简单的“三段式”写作方法。

首先，第一段是引言，写下问候语、开场白，介绍自己与自己的频道，并提出观点，引入主题。例如，“大家好，欢迎来到我的Vlog频道，今天我要和大家分享一些有意思的事情，包括我的生活、旅行和美食等。”

其次，短视频的主体采用“文字+画面”的形式讲述Vlog拍摄的主要内容，时长要适中，控制在1～5分钟，不能记流水账，内容要能引起用户的兴趣。

最后，结尾要给出结论，升华主题的观点，感谢用户收看，并提醒用户订阅自己的频道。

除此之外，创作者还可以采用“四步走”的写作方法。

第一步，亮明主题。在文案开头用5～20个字亮明主题，主题要能引起用户共鸣，或有趣、新颖，或严肃、引人深思，但不管是什么类型，都要在一开始就传递出自己的观点，如“带你感受985博士的一天”。

第二步，故事开场。创作者要先明确什么样的故事能够吸引人，一般而言，一个好的故事要具备信任感、认同感和代入感。创作者可以在短视频中采用倒叙法或插叙法，把原有的故事线打乱，或者开门见山地直奔主题，用20字左右抓住故事重点，吸引用户眼球，只要能让用户跟着自己的思路思考剧情，创作的文案就成功了。

第三步，情节发展。这一步主要是围绕主题强调观点，主要内容是“制造冲突+解决冲突”，或者是“突发转折+真情流露”，但总的目的是再次引入观点，文案要有高潮、有转折。

第四步，总结升华。最后部分使用少于50字的内容总结记录某件事情使自己的思想认识或行动力有所提升，升华短视频主题。不同的Vlog内容类型采用的升华主题方式也不同，如引用式、号召式等。假如Vlog的内容是强调某个观点，可以采用首尾呼应的方式重申观点，使用户对该观点印象更深刻。

（2）做好选题策划，丰富选题树

Vlog不能成为流水账，它和其他短视频内容一样，需要为用户提供价值，要么有实用价值，如分享方法、干货等；要么有情绪价值，如引发共鸣、温暖治愈、激发动力等。

在确定主题时，创作者可以使用选题树法，具体分为3步。

① 拆解核心，绘制主干

短视频内容的核心就是人设，如擅长做饭的上班族，根据这个人设可以拆分出来的要素有给谁做饭、做什么饭、什么时候做饭、如何做饭等。

② 拆解分支，延伸枝干

例如，“什么时候做饭”可以延伸出“上班族的一分钟早餐”“上班族下班后如何快速吃饭”等；“给谁做饭”可以延伸出“独居女孩给好友做饭”“上班族拒绝外卖的第5天”等。

③ 每日输入，填充和丰富选题树

创作者要留意网络和现实生活中的选题灵感，并及时填充到自己的选题树中，以保证选题源源不断。

（3）搭建文案的框架

只是确定短视频主题，但没有清晰的框架也是不行的。如果短视频没有清晰的框架，很容易一团乱麻，没有哪个用户会花精力去找到那些头绪，只会关闭短视频。因此，Vlog一定要有清晰的逻辑结构。

常见的Vlog逻辑结构有以下4种。

- **事情的正常发生顺序**：例如，在拍摄美食Vlog时，可以按照“准备食材——制作美食——完成制作——展示美食”这个顺序进行拍摄和文案讲解。
- **时间顺序**：按照从早到晚的顺序进行内容安排，如日常生活类的Vlog，可以按照“早晨——中午——晚上”的时间顺序进行叙事。
- **总分结构**：如果Vlog的主题包含多个结构，就可以按照总分结构来进行内容安排。
- **提出问题并解决问题**：短视频一开始先提出直戳用户痛点的问题，然后给出解决方案。

（4）展示美好生活

生活类短视频展示的应是美好的内容，以唤起用户对美好生活的向往之情。例如，在某个探秘草原的Vlog中，创作者的文案向用户详细介绍了广袤草原的美妙景象以及带来的心理冲击：“壮丽山河，也许恰到好处地形容了青藏高原的地貌，山峰叠嶂，你永远爬不到那个制高点，这里也保留着游牧民族的生活方式，烧牛粪，煮牛肉，喝酥油茶。正值立秋，所谓无边草色沐秋光，高海拔和强烈的紫外线会让白白的你一中午就晒得黝黑，所以来的时候要做好防护。躺在草原之上，土拨鼠会成群结队来找你要吃的，憨态可掬的样子，不忍心下手赶走。草原的广袤无垠给我带来最直观的冲击，对于生活在城市里的我们可能是一种别样的奢侈。”

短视频账号“你心中的小可爱”的某期短视频展示了女生在70平米的小家中如何度过平静而舒适的一天，并在短视频中植入了某家居品牌的床垫。该短视频的标题文案为“一个人宅在70平米小家也要把日子过得有滋有味”，直接阐明了短视频的主题，如图6-40所示。

图6-40 展示美好生活

该短视频的文案用细腻的文字展现了周末独自在家享受平静生活的幸福感受：“周末起床啦，早晨来到我的私人‘小花园’，打开窗户晴空万里，天气终于回暖了，给花花草草都喂饱。我是一个浇花匠，浇花本领强。今儿这天气真的太舒服了，松鼠队长替我守护好他们哦。你好啊，四月。门铃响了，咱冲过去。买的西瓜到啦！今天请你们吃个正经的瓜。先开个小帽子，拿出祖传的搅拌机，'吱吱吱吱'搅碎它，再插入一个小龙头，给它重新戴好帽子，今日西瓜桶尽情畅饮自由！一大早，差点忘了洗漱……"该短视频的文案搭配轻松的背景音乐，令人神清气爽，耳目一新。

由于该短视频为Vlog风格，主题是生活记录，所以适合采用拍摄提纲的方式写作文案，如表6-10所示。

表6-10　拍摄提纲

组成部分	内容
主题	周末独自在家享受平静生活有多幸福
视角	客厅、餐厅、卫生间、厨房、卧室
体裁	Vlog
风格	整体轻松、愉快，偶尔有独白进行解释，大部分是字幕。以快节奏的画面为主，构图主要为九宫格构图或中心式构图，充分利用自然光线，以平角拍摄为主
内容	场景一：打开窗户迎接新的一天，给客厅窗边的花花草草浇水，伸伸懒腰。 场景二：在餐厅翻开日历，调整时间，收到买的西瓜，在餐厅制作西瓜饮料。 场景三：去卫生间洗漱，擦脸。 场景四：去厨房做美食，选择做一份凉菜，在做之前把厨房窗户玻璃擦干净。用工具做了一份凉粉，然后一边享用美食，一边看电影。 场景五：吃完饭去卧室打扫卫生，用扫地机清洁地板和地毯，换四件套，展示新买的床垫，洗衣服，做插画，和宠物狗一起玩耍。 场景六：傍晚时分，在客厅修剪花草，吃水果，做奶盖，点香薰，玩魔方，喝果茶，准备休息。 场景七：把卫生间堵着的花洒疏通好，洗澡，梳头，抹润肤乳。 场景八：躺在床上看一会儿电影，和宠物狗互动，睡觉
细节	以轻快、节奏轻盈的外国爵士乐作为背景音乐，配合画面的快速切换，给人一种轻松愉快、自由自在的感觉；在转场时添加有趣的音效，营造轻松氛围

在快节奏的现代生活中，人们都在为生活忙碌和奔波，所以都寻求一种宁静和自由自在的生活节奏，通过观看博主的短视频，很多人如身临其境，在视频中跟随博主感受了独居生活的平静和轻松，在平淡中找到快乐，故纷纷在评论区表示羡慕，表达对短视频展示的生活场景的向往。

6.4.3　生活展示类直播文案的写作

生活展示类直播文案与短视频一样，都应向用户展示美好的生活，让用户观看直播内容感受到生活的美好，这样才能吸引用户的关注。

主播的直播一般要与短视频的内容和风格接近。如果主播以展示某个地区的生活方式而获得大量关注，那么主播在直播间就要以讲解该地区的生活方式为主，并解答用户的疑问，直播卖货也以销售该地区的特产为主。如果主播以展示某种风格的生活方式而获得大量关注，如怀旧方式、乡村生活方式，那么在直播间就要一边展示美好的生活并进行解说，一边在直播间上架农产品或性价比较高的快消品。

在生活展示类直播文案中，比较常见的是旅游直播文案。旅游直播中的主播一般会在

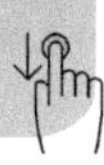

短视频中发布旅游类Vlog，向用户分享自己旅游的经历，介绍沿途的美景，这些精美的短视频可以为直播引流。而在直播时，主播要吐字清晰，普通话标准，声音好听，且与用户积极互动，根据用户的评论调整产品的介绍顺序，也会把直播间的产品与其他地方产品的性能和特征进行对比，具有一定的专业度。

在主播介绍景点时，一般会涉及以下3个方面的内容。

一是景点介绍。除了介绍景点本身，还要介绍景点背后的文化、故事。例如，“天门洞是天门山最具有代表意义的景点，元朝著名诗人张兑曾作诗这样赞叹天门洞：‘天门洞开云气通，江东峨眉皆下风。’今天，我就在这里和大家聊一聊天门山和天门洞的旅游攻略。”

二是旅游产品介绍。主播在向用户介绍景点的过程中，可以把用户的注意力聚焦到旅游产品上。旅游产品既可以是旅游攻略这种服务型的产品，也可以是在旅游途中会用到的各种实用性产品。例如，“小黄车已经上架下个月的旅游路线规划，大家打开小黄车就可以查看了。下面将对我们团队的行程安排进行说明。”

三是促使用户下单。旅游产品一般有很强的节日属性，因此主播要结合节假日的活动来介绍，以满足用户需求。例如，“今天是中秋节，我们有很多福利相送。我们的庐山赏秋套餐原价×××元，今日活动价只要×××元。只要下单购买套餐，我们就赠送价值×××元的旅拍服务，并且今天还赠送价值×××元的发箍和T恤。”

抖音短视频账号“杭州阿呆”的创作者是杭州市的一名专业导游，平时在抖音平台上发布短视频，向用户分享杭州各个景点的美景，讲述与景点有关的典故和知识，同时进行短视频卖货和直播卖货。“杭州阿呆”直播卖货的产品一般是旅游服务产品，如旅途随身听App（见图6-41）。

图6-41 “杭州阿呆”直播卖货的产品

例如，在一次直播中，“杭州阿呆”来到杭州灵隐寺附近（见图6-42），带大家观看灵隐寺的周边环境，实时呈现游客进出灵隐寺的情况，以展现该景点的热门程度。在推荐旅途随身听App时，“杭州阿呆”重点讲解该App的优点，如“来杭州旅游不用跟团，因为杭州的景点离市区很近，自己来就行了，只需下载旅途随身听App，它就是你的导游。来，咱们听一听旅途随身听App中对飞来峰的解说。”

图6-42　在杭州灵隐寺附近直播

他还介绍了该App的方便性：“旅途随身听App中还有景点的手绘地图，卫生间在哪里，餐厅在哪里，一目了然，让我有一种不求人的感觉。在这个App中，每到地图的一个地方就有一个小喇叭，一点击就有解说，咱们来听一下。”

针对带孩子旅游的用户群体，他强调了该App有利于学习的优点：“跟团游不自由，要想自由行，下载旅途随身听这个App，不需要导游，也不需要租赁讲解器，而且带着孩子旅游，用这个App可以让孩子学习更多的历史、地理、古诗词知识。只要我给你规划好路线，你就可以自己旅游了。”

在直播间内，场控密切配合主播讲解，通过在评论区发文案，强调该App的卖点：“国内外各大城市，各大景点全部真人讲解，智能导览，再也不用担心走冤枉路了。”

当有用户提出自己的顾虑时，他会立刻回答问题，解除用户的担忧：“这个包装十分精美，打开包装，里边会有一张卡，卡的背面有一个码，手机扫码安装、激活就可以用了。一张卡可以两个人用，如果大家不会用，拍下来可以咨询我。因为这张卡是可以终身使用的，而我的服务也是终身提供的，有什么问题可以随时问。大家可以关注我，进我粉丝群，我会给大家做旅游规划，给大家提供很方便的旅游路线，让大家轻松玩转各个景点，也可以在群里向我咨询各种问题。”

由于卖点清晰、讲解清楚，再加上用户对旅游指导的巨大需求，“杭州阿呆”推荐的旅途随身听App的库存很快就销售一空，为其当天的直播画上了一个圆满的句号。

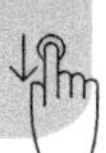

实训案例

图6-43所示为微博热议话题板块中的部分画面，请分析下面的话题分别属于哪一垂直领域，有没有你擅长的？如果要求你从中选择一个话题作为选题，作为创作者的你该如何写作短视频文案和直播文案？你也可以和同学成立短视频或直播团队，按照流程写作相关文案，制作短视频或完成直播。

3 #为什么过量摄入甜食会影响视力# 新

甜食本身并不会直接影响到视力，偶尔吃甜食一般也不会导致近视，甜……

580人在讨论 1276.2万阅读

5 #哪些水果适合加热吃#

寒冷的冬天，人们都喜欢吃点热乎乎的食物来温暖身体，甚至也要把水……

683人在讨论 912.3万阅读

11 #你愿意一直租房生活吗#

你愿意一直租房生活吗？

1202人在讨论 200.8万阅读

21 #你会给孩子选择AI学习产品吗#

11月16日，一则家长辅导孩子小学数学题的新闻冲上热搜，众多家长大……

2689人在讨论 875.0万阅读

23 #除了AEB你还关注什么#

除了最近热度颇高的AEB自动紧急刹车，对目前汽车的智能配置你还关……

476人在讨论 114.4万阅读

31 #喝奶茶你会选择特定品牌吗#

小调查，喝奶茶你会选择特定品牌吗？

139人在讨论 194.4万阅读

32 #如何正确掌握好跑步细节#

如何正确掌握好跑步细节？

1276人在讨论 340.3万阅读

50 #你的工作是怎么找到的#

你的工作是怎么找到的呢？

527人在讨论 1174.7万阅读

图6-43 微博热议话题板块

课后思考

1. 简述美食推荐类短视频文案的写作方法。
2. 简述穿搭推荐类短视频文案的写作方法。
3. 简述写作生活展示类短视频文案的要求。

第7章 短视频与直播文案写作案例解析

【知识目标】

- 掌握抖音短视频与直播文案的写作方法。
- 掌握微信视频号短视频与直播文案的写作方法。
- 掌握小红书短视频与直播文案的写作方法。

【能力目标】

- 能够写作抖音短视频与直播文案。
- 能够写作微信视频号短视频与直播文案。
- 能够写作小红书短视频与直播文案。

【素养目标】

- 坚定历史自信、文化自信，坚持古为今用、推陈出新。
- 推动质量强国建设，打造中国制造闪亮名片。

随着社交媒体的迅速发展，短视频和直播平台已经成为人们分享生活、获取信息、娱乐消遣的重要渠道。如今市场上有很多短视频和直播平台，其中最具代表性的有抖音、微信视频号和小红书。本章将分析各个平台的特点，然后结合平台特点和案例来讲解如何写作短视频与直播文案，提升运营效果。

7.1 抖音短视频与直播文案案例解析

2023年，抖音的日活跃用户量已超过10亿人次，是当前我国主流的短视频平台，同时其直播业务也发展得很好。在短视频和直播盛行的当今，通过抖音短视频和直播营销，众多企业或品牌取得了声量和销量的持续突破，而在取得如此显耀成绩的背后，文案也起到了十分重要的作用。

7.1.1 抖音平台的特点

抖音作为当前社交媒体平台中备受瞩目的一员，以其独特的优势深受用户的喜爱。总体来说，抖音平台具有以下特点。

1. 泛娱乐化

人们可以使用抖音观看短视频与直播，充裕闲暇时间，达到放松减压的作用。因此，抖音平台上的内容娱乐属性很强，这就导致音乐、舞蹈、搞笑段子等非严肃性内容在平台上快速传播，在推荐机制的助推下，大量娱乐性的短视频得以曝光与传播，这也使创作者在创作时更偏向轻松、娱乐的风格。同时，一些原本很严肃、“高冷”的企业或机构也在抖音平台上展现出亲切的新形象，以一种轻松、更接近用户的方式传播有价值的内容，使人喜闻乐见，达到了寓教于乐的效果。

2. 参与门槛低

抖音平台的参与门槛较低，每个人都可以参与创作，平台提供了众多模板，用户使用模板即可创作出个性化的短视频作品，且趣味性很强。另外，抖音的话题挑战赛活动也可以增加用户互动，同时增强用户对品牌的黏性和忠诚度。简单的挑战活动可以使用户在轻松、愉快的游戏氛围中进行互动，加深对品牌的了解。

3. 全面参与性

抖音的流量对比其他电商平台和短视频平台都位列前茅，越来越多的商家、名人、艺人入驻抖音，他们在抖音平台上创作内容的同时，也为抖音助力加权。因此，抖音现在不只是年轻人在使用，而是全民在使用。

4. 个性化推荐机制

抖音利用算法分析用户的兴趣和行为，为每个用户推荐个性化的短视频内容，使用户更容易发现自己感兴趣的内容，从而提升用户体验。

5. 话题度优势

由于短视频时长较短，抖音平台可以在较短的时间内推出一些受欢迎的内容，并引入热门话题，吸引更多的用户，从而增加话题度。

7.1.2 抖音短视频文案案例解析

在夏季，用户在运动装备上的支出逐渐上涨，而当下用户更趋向于穿上专业的运动服饰，在运动中展现自己的优雅与魅力。

2022年，运动品牌斐乐从6月开始就围绕“夏季”发起各种话题活动，如“一起来运动一下”“塑形一夏优雅在线”，积累了大量热度，相关视频播放量突破1.3亿，引爆夏季运动服饰市场。

斐乐官方账号发布了一条短视频，视频中是品牌代言人张××在主持人的介绍下开始参与训练动作的挑战环节，而短视频标题文案为：“FILA时尚运动代言人张××喊话FILA拿铁女孩加入抖音挑战赛啦！搜索塑形一夏优雅在线，进入挑战赛话题页，点击【立即参与】，挑战塑形健身卡点动作并带上话题@FILA，和张××一起秀出你的优雅动作赢取奖品。和我们一起进入高颜时尚健身世界吧！”

用户进入“塑形一夏优雅在线”话题页，使用指定贴纸“夏日优雅塑形”带话题真人出镜拍摄健身瞬间，完成品牌任务后即可获得现金奖励。此视频拍摄起来非常简单，激发了广大用户的参与热情，准确地传达了品牌对运动的价值导向。

本次品牌话题的活动由品牌代言人张××率先发起挑战，前中国女排国手薛明等多位头部博主和腰部博主拍摄了示例视频。薛明发出的短视频标题文案为“身心共塑，练出优雅身材，开启高颜时尚健身新世界，和我一起开始塑形一夏优雅在线挑战吧！”，如图7-1所示。

图7-1　短视频标题文案

薛明面对镜头向用户分享了一个可以拉伸身体的动作，并强调了该动作可以给大家带来的巨大益处，号召大家一起来健身。薛明在短视频中穿着的服装就是斐乐品牌赞助的运动服装。薛明的短视频使斐乐很好地完成了品牌植入，将“运动健身有益身心”的理念传达给用户，从而巩固用户心智。

薛明在短视频中这样说：“大家好，我是薛明，很多姐妹留言说，觉得自己核心稳定性不够，想要提高身体的平衡性和协调性。那今天就带大家做一个训练——单腿硬拉，这个动作还可以有效激活和锻炼我们的身体后侧肌群，提高运动表现，降低受伤风险，和我一起动起来吧！（开始训练，直到训练完成）我的塑形一夏优雅在线挑战完成了，和我一起练出优雅身材，寻找身心共塑的平衡，你也快来挑战吧！”

在该话题下的众多短视频中，有的短视频标题文案直接道明跟着教练健身运动带来的好处，并建议大家收藏，能在一定程度上提高该短视频的收藏率和观看量，如“收藏跟练，肩背比以前灵活多了，××老师的功劳”，如图7-2所示。

有的短视频标题文案则是强调坚持、不轻言放弃等励志的话语，如“选择了开始就不要轻言放弃，用你足够的毅力和耐心去坚持！总有一天，你会回眸一笑，原来我也这么优秀”，如图7-3所示。用正能量打动人心，因此获得大量评论。

图7-2　短视频标题文案2

图7-3　短视频标题文案3

正是因为有大量用户的热情参与，斐乐的话题挑战活动获得圆满成功。

结合斐乐的短视频营销案例来分析，其之所以成功，主要原因在于其短视频文案具有以下特点。

（1）名人效应

斐乐的品牌代言人是影视行业的艺人，热度高，深受年轻用户的喜爱，因此代言人发起挑战活动可以在很大程度上吸引人们参与活动，推动活动获得较大的热度。除了影视行业的艺人，斐乐还邀请体育圈的名人，充分结合品牌特征，既吸引了体育圈名人的粉丝群体，也吸引了对体育运动感兴趣的人群。

（2）强调利益点

斐乐官方账号发布的短视频向用户指出了参与活动有机会获得奖品，而品牌代言人则强调塑形运动给身体带来的改变，使自己的身体更好、更健康，从而吸引想要变瘦、保持身材的用户参与活动，关注斐乐的产品。

（3）用励志话语鼓励用户

有的短视频中，创作者会发布励志的话语，鼓励用户坚持自我，锻炼身体，完成自我蜕变，这种文案可以引发用户产生情感共鸣。

（4）以用户为中心

不管是引导用户参与挑战活动，还是向用户传达健身有益健康和保持身材的利益点，品牌短视频文案都是在“以用户为中心”的原则下，站在用户角度来思考，尽力满足用户需求，因此获得用户的充分认可。

7.1.3 抖音直播文案案例解析

活力28品牌在1982年推出超浓缩无泡洗衣粉而家喻户晓，到20世纪90年代初占据全国同类产品市场份额的70%以上。20世纪90年代中期，外资日化巨头进入中国，市场竞争日益激烈，活力28品牌逐渐远离用户的视线。

2017年，活力二八家化有限公司成立，重启活力28的品牌复兴之路。2023年9月，活力28的销量猛增，抖音粉丝量增长超600万。当然，活力28在抖音的发展并非一帆风顺，流量的降临和爆发是突如其来的。

该品牌所开的直播间内，主播没有年轻人，都是在工厂工作几十年的老员工，由于不了解直播平台规则，直播间几次被封禁，所以主播们不再说话，只是举着一张纸板提示。当晚，直播间人数出现滚动式上涨，一开始3位主播称呼用户为“孩儿们”，后来才羞涩地称呼用户为“活力宝宝”。

直播时，主播会提醒用户不要刷礼物，因为不会上架操作、不懂“小黄车（即购物车）跑了”（平台审核时，小黄车会暂时不可见，审核通过后才能显示），用户给3位主播在线教学，甚至刷屏提醒他们关闭“晚发即赔”，否则会因为没有及时发货而赔钱。就是这样朴实无华的直播方式，让直播间的用户数量进一步增长。

在各大社交媒体平台上，许多用户甘愿充当“自来水”，为活力28宣传造势，传播主播们在直播时淳朴、可爱的瞬间。在他们看来，“真诚就是必杀技”。

例如，用户让主播讲一款洗衣粉，主播回答：“洗衣粉就是洗衣服的粉。”有的用户提醒主播不要把镜头照到车间内景，小心同行，而主播则回答：“好的，好的，一路同行。”有的用户说她在坐月子，主播回答：“那你可能买不到了，坐月子行动不方便。”

当媒体问及为何短时间内品牌直播间可以爆火，负责人表示：“主要是粉丝的善良，也可能是直播间三个大龄主播的真诚，也可能是产品价格实惠。”

活力28的抖音旗舰店曾在直播切片短视频的标题文案中标明直播产品的优惠程度，“洗衣液2千克只卖9.9元，请活力宝宝做好甄别，认准旗舰店商品，认准抖音官方账号！”，如图7-4所示。

活力28的主播们把关注官方账号的粉丝亲切地称呼为“云股东”，并在短视频中特别预告活力28的满月活动，以纪念热度暴涨的这一段时间，并以优质产品和极大的优惠来回馈粉丝。活力28发布的直播预告短视频的标题文案为：“懂事长诚挚邀请，云股东们明天9点请准时出席满月活动。”

在短视频中，“懂事长”端坐在镜头前，向用户发表讲话：“云股东们大家好，我是懂事的懂事长，云股东会马上满月了，在过去的30天，整个公司发生了很大的一个变化，今天我向650万云股东做工作总结和汇报。在过去的30天，我们的变化主要有几点：第一，员工的工资从平时三四千元涨到六七千元；第二，岗位的增加，一共增加了103个工作岗位；第三，产能的增加，从单日的100吨左右持续增加到每日470吨；第四，供应商的变化，整个旗舰店和云股东拉动了整个供应链，包括原料包材，这些供应商有大量的工作要做。针对整体变化，在此我向大家做一个汇报，诚挚邀请云股东参加13号上午9点的满月活动，在云股东们的帮助和见证下，做大做强，再创辉煌！”

经过不断发展，活力28的主播团队渐渐发展成为以4个中老年人为主的主播团体——活力F4组合，账号在预热直播时用这种模仿艺人的方式拉近与粉丝之间的距离，同时吸引粉丝关注晚上的直播，“晚上7点，活力F4组合直播间等你！”，如图7-5所示。

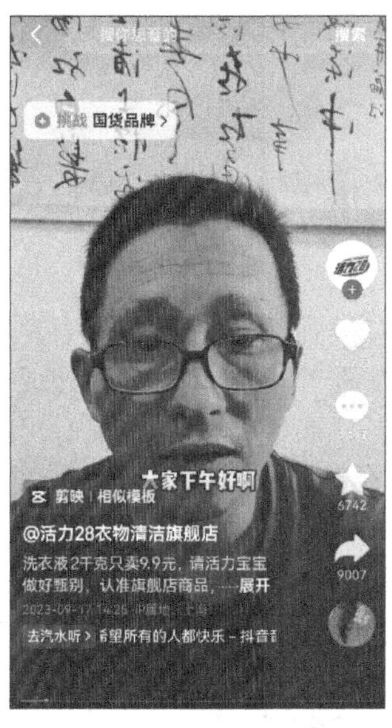

图7-4　短视频标题文案4

图7-5　短视频标题文案5

活力28品牌的直播营销之所以能够取得如此满意的效果，除了机遇和产品质量好，以下因素也起到了很大的助推作用。

（1）表现真诚

“真诚就是必杀技”，一般情况下主播应当表达顺畅，侃侃而谈，对产品的特点倒背如流，在特定时间有很密集的语言输出，而活力28的主播们的网络直播经验十分匮乏，在直播过程中表现得十分拘谨和可爱，这与以往的专业主播形象形成强烈反差，而真诚的表达可以弥补语言上的拘谨和词不达意。尽管主播们说的话不是以文案的形式提前准备好的，但可以对主播的直播文案写作有所启发。

（2）产品性价比高

活力28的直播切片短视频强调了产品的价格十分优惠，“洗衣液2千克只卖9.9元”向广大用户传达了这一价值点，会使追求性价比的用户对活力28的产品感兴趣，从而特意来观看直播。

（3）真人口播预热直播

以真人口播的形式预热直播，并把粉丝称呼为“云股东”，放低姿态，把自己称呼为懂事的“懂事长”，向“云股东”进行工作汇报。这种形式新颖有趣，照顾到用户的情绪，让用户感受到企业人性化的温度，降低了与用户的沟通成本，能够更好地把品牌理念传递给用户。

7.2 微信视频号短视频与直播文案案例解析

2020年1月，腾讯开始内测微信视频号；到2023年，微信视频号已经发展成为国内重要的短视频平台。使用微信视频号进行营销推广时，其广告和文案可以借助微信固有的生态环境和流量特征获得较高的精准投放效果，更好地触达目标用户，拓展用户范围。

7.2.1 微信视频号的特点

微信视频号就像一个视频版的朋友圈，不同于其他短视频平台，它具有自己独特的风格特点。

（1）强大的私域引流能力

微信视频号具有强大的私域引流能力，由于微信视频号依附于微信，不用单独下载软件就可以使用，基于微信天然的社交能力，微信视频号的引流非常便捷。

（2）好友推荐机制

微信作为网络社交基础设施级别的工具，拥有极强的社交裂变能力。因此，微信视频号作为依附在微信生态上的短视频平台，采用好友推荐机制就变得顺理成章了。从内容传播角度来说，一个用户点赞的视频代表他的兴趣点，而他的朋友也很有可能是一群和他有着相同兴趣的人，所以只需一个点赞就能达到精准传播的效果。

（3）形成完整的生态闭环

微信视频号可以为公众号、小程序、企业号、个人微信号导流，形成完整的生态闭环，拥有巨大的潜在商业价值。

7.2.2 微信视频号短视频文案案例解析

“认养一头牛”是2016年10月在杭州正式创立的乳业品牌，现已发展成集奶牛养殖、牧草种植、旅游观光、饲料加工和乳制品加工销售于一体的乳业全产业链公司。“认养一头牛”的崛起得益于对社交媒体的合理运用，早期是从微信私域生态中成长起来的，通过与众多知名自媒体深度合作，收获了第一批种子用户。

随着微信视频号的发展，“认养一头牛”也看到了微信视频号在营销中的优势，于是开始进行微信视频号营销。

“认养一头牛”的微信视频号账号主页中的简介（见图7-6）是这样的：“奶牛养得好，牛奶才会好。认养一头牛已有7座现代化牧场，1座世界级加工厂，65000头五好级奶牛。认养一头牛的牛奶、酸奶、奶酪棒、奶粉，富含优质蛋白、原生钙，为每个家庭打造一杯真正的好牛奶。”

“认养一头牛”的微信视频号账号头像是品牌Logo（见图7-7），采用明亮黄的主色调与不规则的形状设计，活泼俏皮，将新品牌年轻朝气的气质与特色展露无余。Logo的形状充分模拟了品牌奶牛的身份标志“耳标”，潜在传递出品牌为保证奶源品质，在牧场养殖上保持精细化管理的信息。

“认养一头牛”曾与其他品牌联合发起过活动，微信视频号达人只要在规定时间内参与“认养一头牛”“口碑好奶不容错过”话题，发布原创内容短视频，并挂上指定商品链接就可以参加活动，获得奖励。大量的达人曝光、用户互动为“认养一头牛”成功裂变了一批私域粉丝。

“认养一头牛”微信视频号还发布了制造基地投产的短视频，向用户传达自有产能提升、产业链布局完善等信息，以提高用户对企业产品的信心和信任度。其短视频文案为：“认养一头牛河北制造基地在衡水故城投产！这座崭新的‘牛奶工厂’毗邻认养一头牛自有康宏牧场，占地112亩，总投资6.3亿元，达产后可年产液态奶15万吨。继山东制造基地之后，河北制造基地建成投产，认养一头牛自有产能持续提升，全产业链布局更加完善。我们的所有努力，都只为一杯好牛奶。”

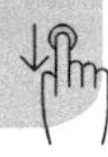

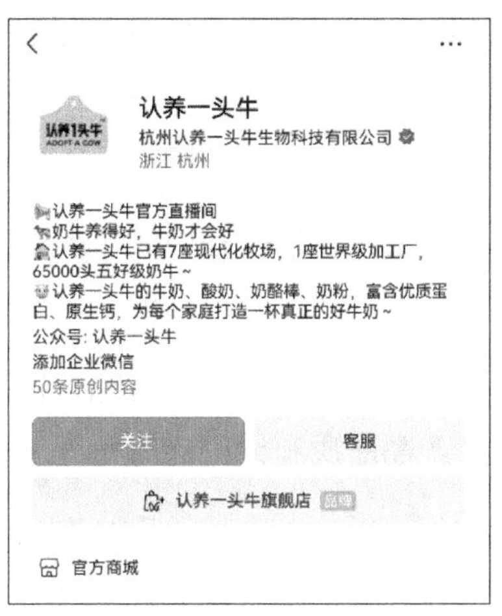

图7-6　“认养一头牛”账号简介

图7-7　“认养一头牛”的微信视频号账号头像

除了宣传企业的生产能力，“认养一头牛”微信视频号也在节假日期间开展情感营销，2023年中秋节时发布了几条温暖人心的短视频，其标题文案为“但愿人长久，千里共婵娟”，传达了品牌的情感温度。

有一条短视频讲述的是父亲看到女儿在牛肉店工作到很晚，为了让女儿早点下班，默默地出钱让路人购买最后的牛肉，就是为了早一点和女儿享受团圆的天伦之乐，同时减轻女儿的工作负担。短视频末尾的一句话画龙点睛，“有种爱不善言语，有种爱顶天立地”，如图7-8所示。

另一条短视频讲述了外卖员在中秋节送最后一单外卖，遇到业主所在单元的电梯出现故障，正在维修，外卖员给业主打电话，业主手机占线，他只好爬楼梯，而在爬楼梯的过程中送餐超时，但最后业主好心地送出牛奶和月饼，不仅为没能及时接电话道歉，还给外卖员在系统中打出一个好评（见图7-9），温暖了外卖员的心。短视频末尾的一句话点出了短视频的主题：“唯夜空皎月与人间温情最抚凡心！”

图7-8　认养一头牛情感短视频1

图7-9　认养一头牛情感短视频2

“认养一头牛”微信视频号也会发布关于产品的讲解短视频，其文案重点突出牛奶的原料和营养丰富等特点：“如果你也每天喝这个A2奶，那真的是太酷了。它的配料表只有生牛乳，干干净净，钙的含量高达每100毫升120毫克，牛奶也很香浓，没有腥味，早上牛奶加面包，好喝还健康。”

综合来看，“认养一头牛”微信视频号的短视频文案在营销过程中能够起到非常好的宣传推广作用，原因在于以下几点。

（1）强调产品卖点和优势

“认养一头牛”微信视频号发布的短视频中强调了产品卖点和优势，例如，提到自有产能的提升，以及牛奶原料的纯正和营养丰富，突出了产品品质和供应链的完善，这样可以强化企业形象，提升用户对品牌的信任感。

（2）用情感连接用户

在各种节假日期间，“认养一头牛”微信视频号通过发布情感故事来温暖人心，再通过植入品牌信息来强化品牌的情感温度，在打动用户内心的同时也使品牌形象深入人心。

（3）发起活动，提升互动性

“认养一头牛”微信视频号以有趣的形式和切实的利益激励吸引用户广泛参与话题活动，从而借助广大用户的短视频增加了曝光度。

7.2.3 微信视频号直播文案案例解析

361° 是一家专业的运动服装公司，注重产品的功能，采用特殊材料及设计，从而保持在产品创新及研发方面的优势，让它在中国运动服装市场上脱颖而出。在如今的短视频与直播时代，361° 积极投身到短视频创作、分发与直播营销的工作中。

2023年11月9日，微信公众号“三六一度”发布直播预热文案（见图7-10）：“361° 双十一百万补贴，运动尖货直降到底，更有福袋抽断码鞋，满赠空调被、运动餐包、充电宝……11月10日20点赶紧约起来。”

图7-10 微信公众号发布直播预热文案

第二天，“三六一度”微信视频号的账号主页添加了预约信息（见图7-11）：“运动场上活力满满，少不了运动装备助力，361° 总部百万补贴，今晚20点来直播间，运动潮流尖货一站就购了。”

 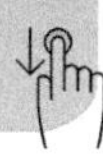

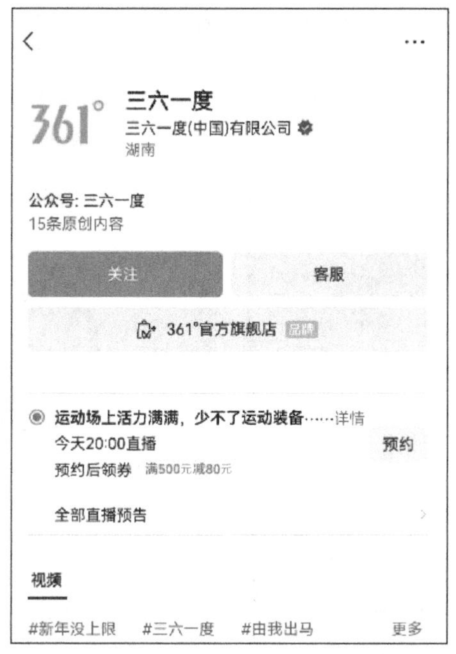

图7-11 微信视频号主页添加直播预约信息

在正式直播时，主播向用户打招呼、介绍直播主题后，开始进入产品介绍环节。在介绍冬季服装时，主播是这样说的："这件衣服是双面穿的，外面可以当成一件羊羔毛外套，里面就是一件冲锋衣外套，有两种颜色，一个是蓝黄配色，一个是白蓝配色。冲锋衣主打的就是抗风抗冻，好穿保暖。"

用户在直播间购买产品时，价格优惠是其关注的重点。361° 的主播在直播间着重强调产品的优惠程度，以此来吸引更多的用户购买产品。"大家平时买一件羊羔毛绒衣服要多少钱？花个300元、400元，买一件冲锋衣也要花400元，而且是不加绒的款式。但是，今天我们双十一活动，福利底价，凡是点了关注的哥哥姐姐，我都够给大家带一波。"

"我可以让大家看一下衣服的吊牌，这款衣服在线下店是卖到600元的，最多打七折，到手是不是也要花400多元？而今天不需要400多元，凡是点了关注的粉丝，到手底价189元。"

为了提升用户对产品的信任度，解除用户的担忧，主播强调产品来自官方直播间，以及退换货政策和保价政策。

"我们就是361° 官方直播间，蓝V认证，品牌金标的。"

"想买这件外套的哥哥姐姐，抓紧时间了，我们所有的款式断码以后都是不加单、不补单的，如果说你下单了，可以放心去穿，拿回家不合适、不满意、不喜欢，你可以直接退。关于这件衣服，如果你不知道穿什么码数，看一下尺码表，或者直接报身高、体重，主播可以给你们做推荐。"

"我们的产品都有保价，如果你们以后看到这个价格降价了，我给你补差价。大家去门店买过东西的都知道，门店最多给大家打八折、九折，因为门店要算水电费、人工费、店铺租金，但直播间不需要算这些，所以我开的都是底价，全部正品保障，假一罚十。"

主播还会及时与用户互动，回答用户提出的问题。当有用户提出问题："有男鞋白底黑面43码的吗？"主播看到后立刻询问助理，得到回复后迅速回复用户："男款的话，你可以看一下链接，如果说还有的话就可以拍，没有的话，我们到时候就不是这个价格了。99元，自己放心去拍。直播间的哥哥姐姐们，所有的颜色、尺码，如果拍不了的话，那就表示没有了，可能是其他的哥哥姐姐们占着库存了。那占着库存的哥哥姐姐们，喜欢你就拍下来，不喜欢的就退，但是别占库存。”

在直播间外，“三六一度”微信视频号还发布了短视频为直播间引流，其标题文案为“时尚与舒适并存的运动鞋，让你行走的每一步都充满力量”，如图7-12所示。

图7-12 “三六一度”微信视频号短视频标题文案

短视频预告直播文案为：“姐妹们，这个鞋啊真的太舒服了。你们一定要来一双试试。不用怕，价格不贵的，这个鞋真的做得特别的轻，而且它是那种软软的脚感，穿上它就好像踩在棉花上一样，特别舒服。即使你是出去旅游，日行几万步，你穿这个鞋都不会累脚的，它的配色是经典融合时尚。这双鞋非常防滑透气。再感受一下它的韧性和软度，鞋底做的是高回弹。它是养脚护足的好鞋子，适合秋冬，上脚不闷汗，从后方看非常修饰腿型，经典百搭。现在来直播间，还有超多好鞋优惠，赶快来直播间看看吧。”

综合来看，361° 的微信视频号直播文案在营销中起到的作用主要体现在以下几点。

（1）直播预热的微信公众号文案和短视频文案曝光福利

曝光福利可以引发用户的好奇心和兴趣，促使用户定时进入直播间观看直播。直播预热文案中提到的满赠、福袋抽奖等对追求实惠的用户来说十分有吸引力。

（2）介绍和宣传产品卖点

在介绍冬季服装时，主播提到产品的主要卖点是“双面穿”“抗风抗冻”“保暖”，这些特点可以解决用户在冬季遇到的怕冷的痛点。在短视频预告直播文案中，主播以真人出镜，口播了直播的时间，同时详细介绍了产品的特点，如穿着舒适、不累脚、经典融合时尚、鞋底高回弹、经典百搭等。

（3）强调产品的性价比

主播强调产品的福利价，并与线下门店价格做对比，突出产品在直播间的价格十分实惠，性价比很高。

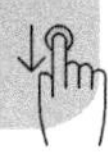

（4）解除用户购买产品的后顾之忧

主播介绍产品的来源、退换货政策和保价政策，为用户提供售后保障，消除用户下单时的顾虑。

（5）增加用户的紧迫感

主播说产品卖完以后不加单、不补单，意在说明购买机会只有一次，错过这次机会就不能再以这么优惠的价格买到优质产品了，从而增加有购买意愿的用户的紧迫感，促使其做出购买决策。

（6）主播与用户互动，及时回复用户问题

主播及时回复用户，不仅解决了用户提出的问题，还延伸拓展并详细介绍了产品的其他相关信息，使用户进一步了解产品和直播间的购买情况。

7.3 小红书短视频与直播文案案例解析

随着“种草”经济的兴起，各大企业或品牌都在涌入“种草”领域，以扩大营销活动的影响力，而小红书作为代表性的“种草”平台，在营销活动中有着日益重要的地位。因此，在小红书平台发布“种草”短视频和直播就变得十分重要。

7.3.1 小红书的特点

小红书是一个深受年轻用户喜爱的生活方式分享平台和消费决策入口，它可以利用机器学习对海量信息和人进行精准、高效匹配。截至2023年6月，小红书的月活跃用户量已经突破2.6亿，日活跃用户量突破1亿，且用户使用时长正在逐步增加，这说明小红书的商业前景非常广阔。总体来说，小红书具有以下特点。

（1）具有独特的流量推荐机制

要想在小红书上做好内容运营，创作者就要理解平台的流量推荐机制。小红书的流量推荐机制为：内容标签匹配+社交关系推荐。

后台算法的推荐流程大致为：笔记发布——笔记收录——匹配过往数据库——预估新笔记可能产生的互动数据——评分后打上内容标签——匹配用户兴趣，投入推荐（第一轮）——阶梯式推荐（第二轮、第三轮……）——得分高（增加推荐），得分低（减少推荐）。

小红书的核心评分体系公式为：评价=点赞×1分+收藏×1分+评论×4分+转发×4分+关注×8分。因此，权重最高的是关注，其次是评论和转发，最后是点赞和收藏，由此可以推导出决定小红书优质笔记流量推荐的3个维度为阅读/播放量、互动率和转粉率。

（2）用户参与度高

作为重要的“种草”平台，小红书上的用户会主动探索产品，乐于分享自己的购物心得和体验。笔记一般以个人的视角和真实的体验为基础，更容易引起用户的共鸣和关注，增加用户参与度和互动率。与其他平台相比，小红书拥有“种草——购买——分享使用体验”的完整闭环，因为用户之间不像商家与用户之间有买卖关系，所以彼此的信任度和内容真实度更高。

（3）用户群体以年轻女性用户为主

小红书的用户群体以年轻女性用户为主，“90后”和“00后”群体居多，一半以上的用户为一二线城市用户。可以这样说，有影响力的年轻高净值用户大都聚集在小红书平台。

（4）品牌笔记推广以腰部达人和普通用户推广为主

尽管头部的达人影响力较大，但成本也较高，对新兴品牌和个体商家来说，选择腰部达人和普通用户进行推广是最常见的模式。

7.3.2 小红书短视频文案案例解析

某创作者发布的小红书短视频只有10秒左右的时长，选择推荐的产品是方块夹，是一款非品牌、非刚需的低客单价产品，而该短视频在10秒的时间内集上手体验、产品特写、使用教程于一体，以较高的视频质感收获了大批粉丝。

该短视频高度凝练了很多与产品有关的内容，不仅快速完成了“种草”信息的传达，还能在一定程度上提高重播率和完播率。

这类短视频内容在小红书平台上十分常见，其核心要素如下。

（1）封面+标题：直接说明短视频主题，圈定目标人群。

（2）文案：提出问题+解决方案+引导行动。

（3）内容：教程内容+产品特写+场景展示。

该短视频中只有一句话：“他好像真的教会我怎么夹抓夹”，如图7-13所示，简单而有趣的内容让很多用户下单付款。这类短视频笔记的特色是短、平、快，可以抓住用户一瞬间的心动，直接形成转化，在推荐低客单价产品上十分有效。

图7-13 小红书短视频笔记

通过分析这一案例，我们可以总结出小红书短视频文案的写作要点。

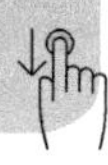

1. 确定主题

创作者在发布短视频笔记时，定位要清晰，契合账号的整体内容领域，因此创作小红书短视频笔记的第一步就是策划笔记的主题。当前，小红书创作内容大致形成了4个热门方向，其本质共同体现着用户求真、求实的信息需求，如表7-1所示。

表7-1 小红书创作内容的热门方向

热门方向	说明	举例
Vlog	Vlog又叫视频博客或视频日志，创作者通过Vlog可以记录自己的真实生活，并将其分享到小红书平台上与其他用户交流，分享的内容涉及衣食住行、学习提升等多个领域	拍摄学习情况、假期旅游
测评体验	创作者体验某一种或某一类型的产品，并按照一定标准进行评价，然后分享给小红书用户，向用户还原真实产品，让用户客观了解某些产品	测评“网红”零食、新款手机
内容教程	创作者分享干货，如某种物品的制作方式，满足用户的好奇心、求知欲，以及实际生活中的某种操作需要	自制文具、发型教程
知识观点	创作者分享一些基于个人经验的真实、有效的知识观点，如职场知识、个人成长、素材推荐、新媒体知识等，以此来吸引用户	面试技巧、时间管理法

本案例中短视频笔记的内容方向为内容教程，向用户分享方块夹教程，可以吸引对该领域内容感兴趣的用户。

2. 构思与主题相关的内容

在确定好拍摄主题后，创作者即可构思短视频的具体内容。短视频内容除了要与主题相关，还要符合以下要求。

（1）符合用户需求

要想让创作的内容持续吸引用户的关注，创作者就要从账号定位出发，针对账号的目标用户及潜在用户进行用户需求分析，并在精准的用户需求分析基础上寻求内容突破和创新。本案例中的短视频笔记将目标用户定位到年轻女性且对发型整理感兴趣的群体，通过分享整理发型并使用方块夹的教程来满足该群体的技能需求。

（2）注重知识性

因为人们对知识的需求一直存在，所以创作者发布的短视频笔记要在帮助用户休闲、放松的同时向其传递一定的干货。只要做到这一点，用户点赞、收藏、互动的行为也就顺理成章了。

（3）注重实用性

创作者创作的知识类内容要注重实用性，贴近用户的生活，在具备可操作性的同时能够吸引用户运用、实践相关内容。本案例中提到的方块夹教程不仅能够满足目标用户的需求，还方便、易学，用户极易上手，实用性很强，所以获得了大量评论和收藏。

（4）内容与广告推广合理融合

如果短视频笔记的文案和视频只是一条生硬的广告，没有辅以合理的内容和场景，就容易使用户产生不满情绪，对账号形成负面印象。因此，即使短视频笔记的创作以营销为目的，并非单纯的内容分享，创作者也要在内容上下功夫，将笔记的短视频内容与广告推广合理融合，让用户在观看短视频后自然而然地接受产品信息。

本案例中的内容分享带有“种草”目的和营销性质，但创作者只是添加了产品链接，并没有在短视频中大肆宣传产品的品质、功能等信息，只是展示产品的使用场景，并在短视频最后以使用方块夹后的美好体验强化产品优势，令用户印象深刻。

3. 添加话题关键词

精准的话题关键词可以帮助更多潜在用户检索到短视频笔记，吸引更多相关用户观看短视频，从而有效增加笔记的热度。本案例中的短视频笔记添加了“头饰发饰”“发型教程”等话题关键词，圈定了对头饰发饰和发型教程感兴趣的潜在用户群体，可以帮助账号获得精准的用户流量。

4. 封面要醒目

小红书短视频的封面只能从短视频中截取画面来进行设置。小红书短视频的视频尺寸有竖屏3：4、正方形1：1、横屏4：3，其他尺寸则会自动裁剪或填充为3：4或4：3的尺寸。一般而言，3：4的尺寸更好，因为它可以保留完整的封面内容，同时占据较大的屏幕空间，更能吸引用户的眼球。

本案例中的短视频封面截取的是视频开头的画面（见图7-14），展现的正好是方块夹的使用，画面占据大部分屏幕，视觉冲击力很强，因此很容易吸引用户观看。

图7-14　小红书短视频封面

7.3.3 小红书直播文案案例解析

在小红书平台上，家装家居是继美妆、服饰后又一个被重点关注的品类，其大部分产品为高客单价，注重长期使用价值，用户往往会从材质、耐用性、设计感和舒适性等方面进行挑选，被主播话术吸引而产生购买欲望的情况较少。

在小红书的家装家居领域中，“一颗KK”毫无疑问是领域中的佼佼者。第三方数据平台显示，其粉丝中女性占比为90.48%，以25～44岁为主，69.69%来自一线城市和新一线城市，是一批具备消费实力的“爱家控”。

“一颗KK”的笔记专注于家装家居领域，通过笔记树立起专业形象，一开始以分享“KK的家”系列为主，发布装修进程、家装图片，利用美好的家装风格吸引粉丝；后来，她推出“家居灵感集”系列，以真人出镜的方式，结合家居场景讲述家居设计理念。在选题上，其小红书笔记的主题围绕家居单品、场景、风格，或者围绕单品提供解决方案来展开。

“一颗KK”的笔记中有非常丰富的干货，即使是直播预热短视频，也会向用户讲解家装领域的专业知识，或者呈现家居产品的使用对比情况。例如，在2023年“双十一购物节”期间，“一颗KK”在小红书平台上以短视频的形式预告了最后两场直播（见图7-15），其文案为：“双十一的最后，我竟然又挑到超级尖货。是的，是的，10号和11号，双十一只剩下这两场最后的直播了，而我竟然又挑到了好多个大件家具尖货！可纳、家居招待所……这些都是第一次上直播！还没买完大件的姐妹，跟我一起来拆箱，看看今天又是谁心动的一天呀！”而在短视频中，“一颗KK”详细而具体地介绍了直播时将要推荐的家居品牌及其产品，如具有包豪斯风格的全真皮沙发、多边餐柜、斗柜等，讲解内容十分详细且专业，使粉丝能够在直播之前就对直播间的重点产品有所了解。

图7-15　直播预热短视频

“一颗KK”的直播风格是“慢直播”，没有催促用户下单的话术，如“三二一上链接”“家人们点点红心”等，一款产品的讲解持续4～8分钟，不急于互动，而是在讲解完毕后集中回复评论区的提问，或者引导用户询问小助手，使用户在充分了解之后再购买产品。

“一颗KK”的选品具有内在统一性，以具有高审美价值的单品为主，设计感强，可以通过单品或组合的方式打造室内整体风格。当然，“一颗KK”的选品虽然会考虑市场热点，但不完全追随趋势。例如，某品牌最火的产品是一款山茶花沙发，而她在选品时一眼就相中了另一款包豪斯风格的沙发，因为她非常喜欢这款沙发那种皱皱的松弛感。也就是说，“一颗KK”的选品必须是自己喜欢的，而不是追逐潮流趋势。

在直播讲解过程中，创作者凸显了自己的专业性。例如，在介绍沙发时，她会阐述沙发的挑选理念，即沙发外形靠皮质和填充撑起来，否则会影响质感；在介绍沙发的工艺时，她会详细介绍工厂在制造时是如何计算沙发皮面的用量并进行专业切割的。

提前发布短视频为直播预热，已经成为各大平台主播的基本操作方式。“一颗KK”的直播预热具有以下特点。

一是配合小红书官方的时间节奏，获得流量扶持资源。小红书在10月20日全面启动满减和领取大额券活动，而“一颗KK”的双十一首场直播也定在10月20日，并提前一个月保持两天发布一条预热笔记的节奏，在开播前5日每天一条，开播后每天两条。

二是通过平台预约等工具实现笔记与直播的联动，为直播造势。每条预热短视频的下方会挂着直播预告，创作者也会在短视频中以口播形式引导粉丝点击预约，或者引导粉丝进入群聊。

三是预热视频也是一份产品“种草”笔记，其会从多角度、全方位刺激用户的购买欲。

正是通过以上方式，“一颗KK”在小红书平台上收获了众多粉丝的喜爱，经常位列小红书直播销售榜前十名。

通过分析以上案例，我们可以总结出小红书直播文案的写作要点。

1. 打造专业化人设

作为“买手”，小红书的主播要同时具备专业性和用户洞察力，在建立信任关系的同时传递产品价值，持续进行服务。“买手”形象本身就是一个IP，因此很多主播会开创自己的品牌成为主理人。一开始“一颗KK”就是一个典型的小红书“买手”，平时以分享购买家装的经验为主，后来自己创业成立“颗粒设计”品牌，由于“一颗KK”平时发布短视频和直播时，都是为用户分享专业的家装知识，因此“颗粒设计”也会在用户心目中树立专业、权威的形象。

2. 注重塑造场景

小红书的直播风格被称为“慢直播”“品质直播”，更注重直播场景的塑造，不强调价格优惠，一般会从使用场景出发选择直播场地和产品讲解的方式，用户在观看直播的同时可以获取信息，感受产品带来的审美愉悦。

例如，主播在介绍产品时重点描述使用感受、价值感而非功能，或者强调产品的细节感、实用感。“一颗KK”的直播讲解和她的短视频笔记相似，在介绍产品的同时重点强调产品的审美价值，用场景化的搭配打动用户内心。

3. 及时与用户互动

主播在直播时应及时与用户互动，回答用户的提问，解决用户遇到的问题。主播的回答要稳重，不骄不躁，有耐心，展现出良好的态度和专业的素养。“一颗KK”在讲解完产品后会集中回复用户的提问，让用户对产品有充分的了解，满足用户对产品的信息需求。

4. 以真人口播形式做直播预热

主播在短视频中真人出镜，向用户通知具体的开播时间和直播主题。在小红书平台上，即使是直播预热短视频，也要注重对产品的介绍，不能只强调福利优惠。“一颗KK”在短视频中预热直播时，重点强调了产品的独特性，以及产品的款式、主播对产品的使用感受等，并没有说明直播间产品的优惠程度，但仍然会使用户产生好奇心和观看欲望。

实训案例

打开抖音，搜索图7-16所示的抖音短视频账号“到远方旅行”，观看几条短视频后，总结并分析其短视频文案的特点和写作方法，以及在涉及品牌推广时，该账号是如何进行品牌信息植入的。

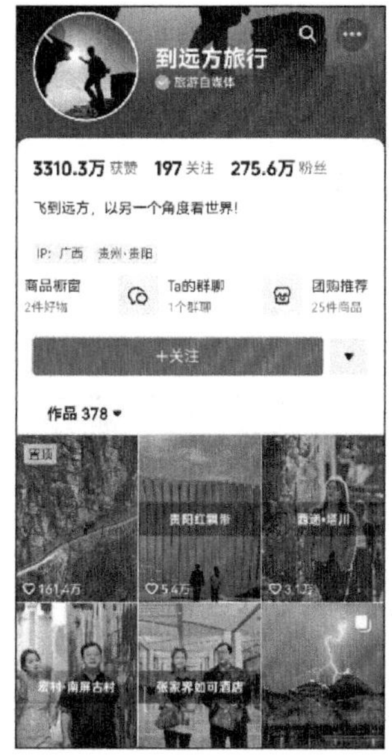

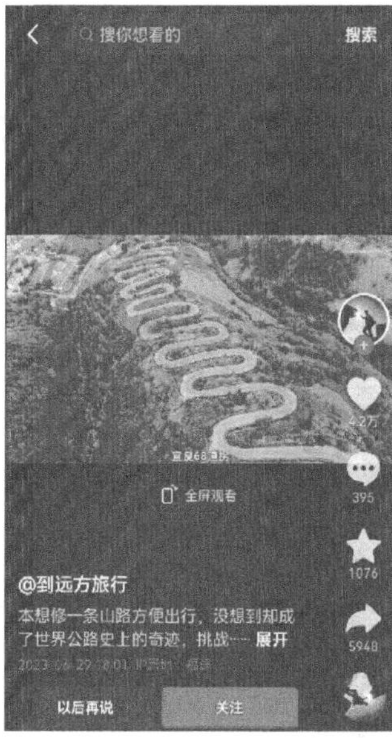

图7-16　“到远方旅行”抖音短视频账号

课后思考

1. 请结合抖音短视频的相关案例分析抖音短视频文案的写作方法。
2. 请结合微信视频号的相关案例分析微信视频号直播文案的写作方法。
3. 请结合小红书的相关案例分析小红书短视频文案的写作方法。

第8章

短视频与直播文案的传播

【知识目标】

- 了解短视频与直播文案的传播途径。
- 掌握影响短视频与直播文案传播的因素。
- 掌握提升文案传播力的方法。
- 掌握分析文案传播效果的方法。

【能力目标】

- 能够选择合适的途径传播短视频与直播文案。
- 能够采取合适的方法提升短视频与直播文案的传播力。
- 能够分析短视频与直播文案的传播效果。

【素养目标】

- 树立目标意识，善于规划目标，不盲目做事。
- 学会开放性、多元化思考问题，打破僵化思维。

在信息爆炸的时代，用户接收信息的渠道越来越多样化，接收信息的数量越来越多。在这种环境下，创作者要想最大限度地提高短视频与直播文案的传播效果，需要讲究一定的技巧，了解影响短视频与直播文案传播的因素，并采取一定的策略提升短视频与直播文案的传播力。

8.1 短视频与直播文案的传播途径

要想让创作的短视频获得更多的流量，创作者除了要打造优质内容，还要懂得利用各种传播途径为短视频“吸粉”引流。因为只有获得众多粉丝的关注和支持，创作者创作的短视频才能吸引更多的用户，进而成功“出圈”，获得更广泛的关注和传播。

8.1.1 抖音平台的传播途径

抖音平台为创作者提供了多种能够推动短视频与直播文案传播的途径，分为免费传播途径和付费传播途径。

1. 免费传播途径

抖音平台为用户提供了转发、分享短视频与直播间的功能，创作者可以充分运用这些功能来扩大自己短视频与直播文案的传播范围。

在发布短视频时，创作者可以将作品同步功能开启，将短视频同步到西瓜视频、今日头条等平台，如图8-1所示。同时，点击“高级设置”，将“谁可以转发”设置为“所有人”，这样有利于让更多的人转发，如图8-2所示。

在发布短视频后，创作者可以点击短视频中的“更多”按钮，通过多种转发方式将短视频分享给更多的用户，如图8-3所示。

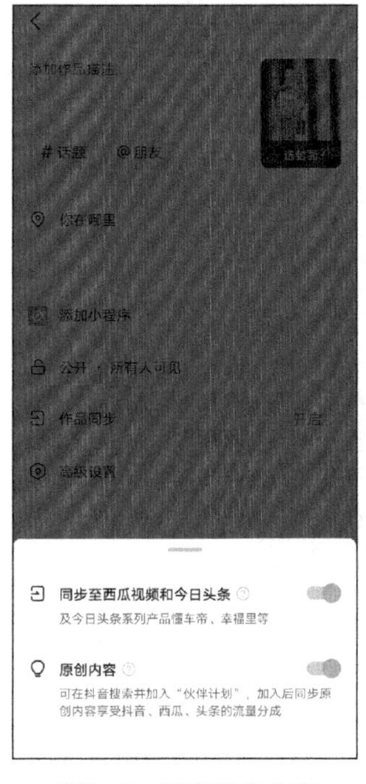

图8-1　开启同步分享

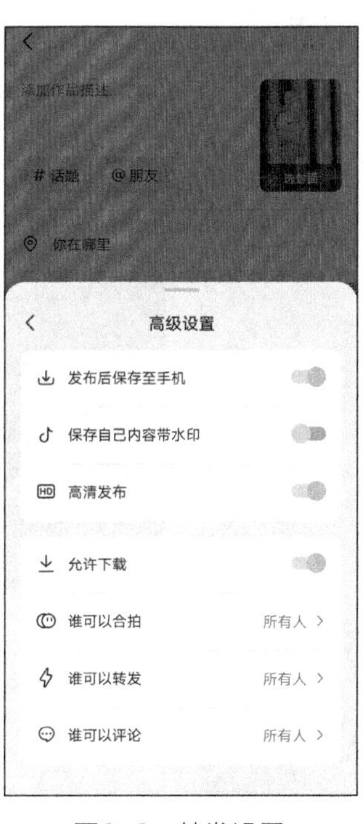

图8-2　转发设置

图8-3　点击“更多”按钮

进入转发界面后，创作者可以点击“加微信朋友”，将短视频分享给微信好友和QQ好友，并让好友关注自己（见图8-4），也可以点击自己已关注的短视频账号头像，或者点击

“私信朋友”按钮，将短视频分享给自己已关注的短视频账号，让他们帮助分享短视频；还可以点击“复制链接”，然后将链接分享到朋友圈、微信群等。

此外，创作者还可以点击“建群分享”按钮（见图8-5），组建群组，并将短视频分享到群组中，再由群组中的成员将短视频分享给他们的好友，以实现裂变式传播。

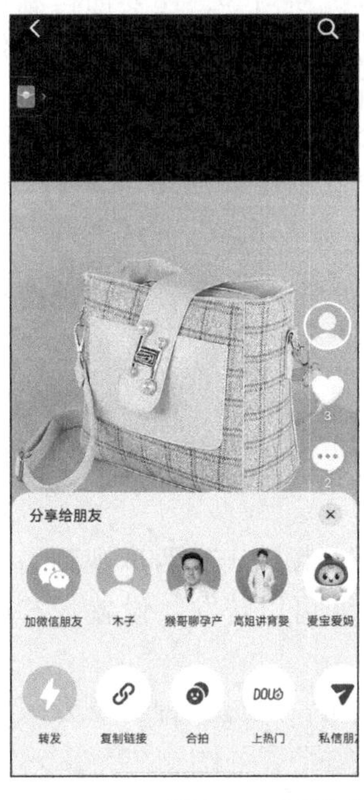

图8-4 利用“加微信朋友”分享

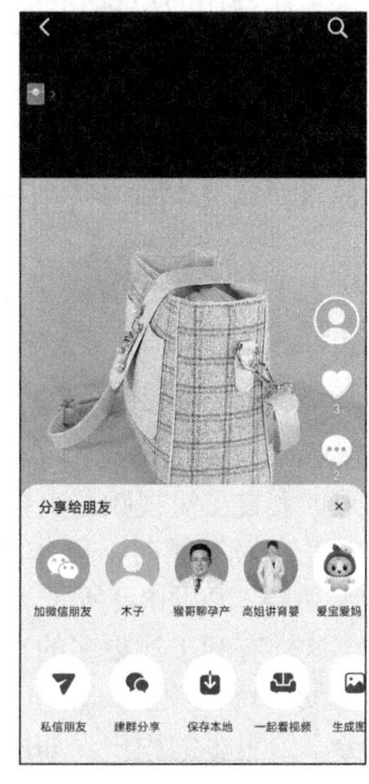

图8-5 建群分享

在直播进行期间，创作者可以点击“分享”按钮，将直播间分享给微信好友、QQ好友，并分享至朋友圈、QQ空间等，如图8-6所示。

图8-6 分享直播间

此外，创作者可以以观众的身份进入直播间，点击直播间的“更多”按钮（见图8-7），进入分享界面，然后点击“分享”按钮将直播间分享出去，如图8-8所示。

图8-7　点击“更多”按钮

图8-8　点击“分享”按钮

2. 付费传播途径

抖音为创作者提供了付费推广的途径，包括DOU+和付费广告。

（1）投放DOU+

DOU+是抖音官方推出的一款付费推广工具，创作者为短视频或直播间投放DOU+后，可以让系统将短视频和直播间推荐给更多的用户，从而扩大短视频和直播间的传播范围。图8-9所示为短视频投放DOU+的设置界面，图8-10所示为直播间投放DOU+的设置界面。

图8-9　短视频投放DOU+的设置界面

图8-10　直播间投放DOU+的设置界面

创作者通过投放DOU+推动短视频与直播文案的传播时，需要注意以下事项。

第一，选择合适的投放时间点。一般的做法是创作者发布一条短视频后，及时到账号后台观察该条短视频的各项数据表现，如果在短时间内该条短视频的完播率、点赞量、评论量、转发量等数据有较快提升，说明该条短视频是比较受欢迎的。此时，创作者应及时地为该条短视频投放DOU+，可以帮助其获得更多的流量，助力文案的传播。

第二，选择合适的目标用户群体。创作者可以选择自定义定向投放模式，自己设置要投放的目标用户群体，包括目标用户群体的性别、年龄、地域、兴趣等，以提高DOU+投放的精准性，让短视频出现在更多精准用户的面前。

在设置自定义定向投放时，创作者可以选择投放“达人相似粉丝”。创作者选择目标达人后，系统会将短视频和直播间推荐给这些达人的粉丝，或者与这些达人粉丝兴趣相似的群体。例如，创作者发布的短视频是教用户画漫画的，那么创作者就可以选择抖音上的漫画达人账号。“达人相似粉丝”推荐也有利于提高投放用户的精准性。

第三，遵循“小额多次”的投放原则，即每次投放较少的资金，进行多次投放。假设创作者有2000元的DOU+投放预算，可以每次投200元，总共投放10次，而不要一次性将2000元全部投完，这样有利于创作者有效控制投放DOU+的试错成本。

第四，根据数据反馈及时调整方案。在投放DOU+期间，创作者要注意及时查看短视频和直播间的数据表现，并根据数据变化及时调整和优化投放方案，这样有利于提升投放效果。

（2）投放付费广告

创作者也可以选择投放付费广告来促进短视频与直播文案的传播。抖音平台中适用于推广短视频与直播文案的付费广告及其特点如表8-1所示。

表8-1　适用于推广短视频与直播文案的付费广告及其特点

广告类型	特点
开机位广告	抖音 App 开屏时展示的广告，包括开屏广告和 TopView。开屏广告即用户打开抖音 App 时显示的广告，让用户在进入抖音 App 的第一时间就能看到广告；TopView 先是 3 秒有声开屏广告，之后无缝衔接信息流
信息流广告	在用户浏览短视频的过程中进行展示，其形式与原生短视频类似，这种广告不易被用户察觉

8.1.2 快手平台的传播途径

在快手平台上，短视频与直播文案的传播途径主要有以下几种。

1. 免费传播途径

在发布短视频时，创作者可以将短视频的“所有人可见”的状态设置为公开（见图8-11），并在“更多设置”中将“允许转发”的状态设置为开启，这样短视频才能让其他人转发。同时，创作者还可以将短视频分享给微信好友、QQ好友和朋友圈（见图8-12），实现短视频多渠道分发，促进短视频文案的传播。

在发布短视频后，创作者可以点击“分享”按钮（见图8-13），进入转发界面，将短视频分享至微信朋友、微信朋友圈、QQ朋友、QQ空间等（见图8-14），实现短视频多渠道分发，从而扩大短视频文案的传播范围。

图8-11　设置“所有人可见”状态

图8-12　设置“允许转发”状态和多渠道分享

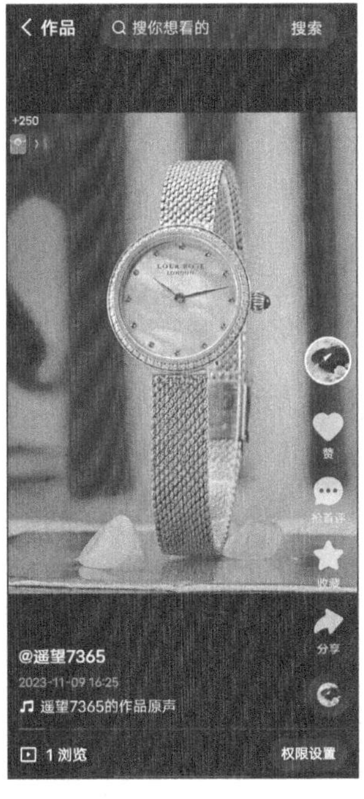

图8-13　点击“转发”按钮

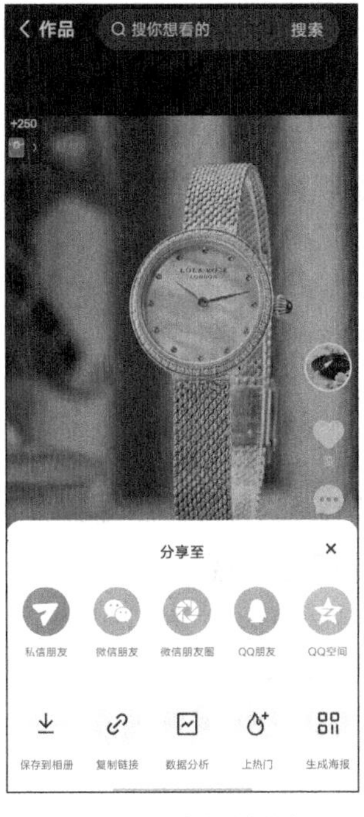

图8-14　多渠道分发

2. 付费传播途径

快手平台的付费传播途径包括投放快手粉条和快手广告。

（1）投放快手粉条

快手粉条是快手官方推出的付费推广服务，创作者为短视频投放快手粉条，有助于提高短视频的曝光量。

创作者在第一次为自己的短视频投放快手粉条时，可以选择较短的投放时长，并及时查看投放效果，如果短视频的各项数据表现良好，可以继续为短视频加大投放金额并延长投放时长。

创作者也可以选择为账号中的多个短视频投放少量金额的快手粉条，然后及时关注各个短视频的数据表现，从中选择数据表现最好的短视频追加投放。

（2）投放快手广告

快手平台为创作者提供了多种付费广告服务，适用于推广短视频与直播文案的付费广告及其特点如表8-2所示。

表8-2 适用于推广短视频与直播文案的付费广告及其特点

广告类型	特点
开屏广告	快手 App 被开启时展示的广告，有利于让用户在开启快手 App 的第一时间看到广告
信息流广告	在快手 App 同城、发现、精选界面播放视频过程中展示的广告，有利于让用户在浏览短视频的过程中不知不觉地浏览到广告
搜索广告	用户在快手 App 内搜索关键词时展示在搜索结果中的视频广告。一般来说，通过搜索关键词寻找短视频的用户有着比较明确的目标，如果短视频与直播文案中包含用户搜索时使用的关键词，短视频就会有更大的概率出现在用户面前，因此搜索广告有利于让短视频精准地出现在目标用户面前
激励视频	快手 App 内以开宝箱、签到形式展示的激励视频，有利于借助利益激发用户观看并分享短视频

8.1.3 微信平台的传播途径

在微信平台上，短视频与直播文案的传播途径主要有以下几种。

1. 免费传播途径

在发布短视频时，创作者可以点击“转发”按钮（见图8-15），进入转发界面，点击“转发给朋友”按钮将短视频转发给朋友，点击“分享到朋友圈”按钮将短视频分享到朋友圈（见图8-16），扩大短视频的传播范围。

2. 付费传播途径

微信平台的付费传播途径包括创建加热计划和投放付费广告。

（1）创建加热计划

创作者可以为短视频创建加热计划，通过加热投放寻找更多对视频感兴趣的用户，扩大视频的传播范围。创作者要对自己短视频目标用户的特点有所了解，包括目标用户的性别、年龄、所属区域、兴趣偏好等，这样，在创建加热计划时，创作者可以选择定向加热模式，根据目标用户的特点设置加热计划的各项参数，让加热计划的投放更加精准。

（2）投放付费广告

创作者可以为短视频投放付费广告，以推动短视频文案的传播。微信平台适用于推广短视频与直播文案的付费广告及其特点如表8-3所示。

图8-15　点击“转发”按钮

图8-16　多渠道分发

表8-3　适用于推广短视频与直播文案的付费广告及其特点

广告类型	特点
朋友圈广告	基于微信生态体系，以类似朋友的原创内容形式在用户朋友圈进行展示的原生广告
视频号广告	基于微信生态体系，以视频号相关能力在微信朋友圈、公众平台流量场景内进行展示的内容广告
公众号广告	广告以类似公众号文章内容的形式在文章底部、文章中部、公众号互选广告、视频贴片等4个广告资源位进行展示，成本可控、效益可观

8.2 影响短视频与直播文案传播的因素

短视频与直播文案的传播效果会受到多种因素的影响，创作者应对这些影响因素有所了解，以在创作和传播文案时规避误区，提升文案的传播效果。

8.2.1 信息的传播性

信息的传播性对短视频与直播文案传播的影响主要体现在以下3个方面。

1. 文案是否能准确、简练地传达信息

能够准确传达信息、不会对用户造成误导，且简练、走心的文案更容易引起广泛传播。从信息本身和用户两个角度来看，信息的准确传达有利于产生准确的接收结果。创作

者可以将短视频与直播文案的传播过程看作一个“刺激-反射”的过程，文案只有准确地刺激用户，才能得到用户准确的反射。因此，文案要实事求是，在内容上，要用精准的文字来传达信息；在形式上，要便于用户阅读，不能为了彰显文案的与众不同而过分地设计花样。

2. 文案是否自带传播性质

自带传播性质是指文案不依靠媒介曝光也能实现自身传播。例如，某品牌在抖音平台投放了信息流广告，投放期限为一个月，在广告投放期间文案获得了充分曝光，但投放到期后文案就无法再出现在用户面前，其影响力也会大大减弱。如果文案经过一两次曝光就能被用户记住，就说明该文案自带传播性质，自带传播性质的短视频与直播文案更容易被传播。

3. 文案包含的信息是否具有价值

文案包含的信息对用户来说有价值是激发用户传播文案的重要原因之一。这种价值可能是文案包含的信息能够帮助用户解决某个问题，例如告诉用户如何搭配饮食以保持好身材，告诉用户如何纠正孩子的不良习惯等；也可能是文案包含的信息能够满足用户的某种情感需求，如让用户感到开心快乐、让用户产生情感共鸣等。

8.2.2 关键性人物

关键性人物主要是指名人、关键意见领袖（Key Opinion Leader，KOL）等在某个领域具有一定影响力、权威性、知名度的人物。这些人物往往具有较强的影响传播能力，能够有效促进短视频与直播文案的传播。

名人的粉丝群体虽然不一定精准，但他们影响的人群范围比较广泛，且粉丝和普通用户通常愿意跟随他们的行为而采取一些行动，他们传播的一些信息往往也会引起粉丝和一些普通用户的广泛传播。

KOL通常能被某个领域内的相关群体广泛接纳并信任，并能对该群体的购买行为产生较大的影响。与普通用户相比，KOL拥有的产品信息通常更准确、更丰富，他们的一些行为更容易对相关利益群体产生影响。KOL的言论状态更加活跃，能比普通用户更积极地生产和传播信息。在社交网络中，KOL处于社交圈的中心，在与粉丝的交流互动中，能够发挥其影响力，对粉丝产生影响。在短视频与直播文案的传播过程中，KOL也能发挥一定的作用，借助其影响力扩大文案的传播范围。

8.2.3 用户传播文案的动机

用户传播文案的动机就是用户为什么要传播这个文案。一般来说，用户传播文案的动机分为两类，即货币和社交货币。

1. 货币

货币是指用户能获得的切实的经济利益，如“分享得红包”“转发有礼”等。创作者不要小看经济利益的作用，在某些情况下经济利益往往是驱动用户传播文案的关键因素，用户如果在短视频与直播文案中发现自己能获得某些经济利益，他们就会更愿意传播这些文案。

创作者要想充分发挥货币在文案传播中的作用，在文案中设置货币元素时要遵守以下原则。

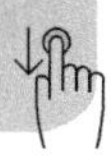

- **简单化**：用户获得货币的程序简单且自己无须付出成本。
- **个性化**：用户可以自己决定要不要这些货币、要多少、送给谁等。
- **可积累**：货币的金额可以不断累积，以吸引用户持续投入时间。

2. 社交货币

社交货币是一个来自社交媒体中经济学的概念，用于衡量用户分享品牌相关内容的倾向性。人们都喜欢和别人分享一些能让他们感觉快乐或能彰显自己独特性的事情，这些被分享的事情就属于社交货币。例如，人们在朋友圈中晒步数、向朋友分享自己喜欢的音乐，其中的步数、音乐就属于社交货币。当一个人知道自己的朋友有某种需求，而自己刚好有某种方案能够满足朋友的这种需求时，就会将自己知道的这种方案推荐给朋友，在这个过程中，这个人就获得了社交货币。

社交货币是引发信息被传播的关键因素之一，它可以被用来树立自我形象。对个人来说，一个人在社交媒体上分享的内容在一定程度上能够代表这个人在别人眼中的形象，而向他人分享信息也能让这个人在群体传播中获得归属感和认同感。

对品牌来说，社交货币是品牌利用人们乐于与他人分享的特质，实现口碑传播的目的，品牌发布的短视频与直播文案具有社交货币的功能更容易被用户主动分享与传播。

8.2.4 环境因素

从信息传播的角度来说，影响文案传播的环境因素包括两个方面，即社会环境和人际环境。

1. 社会环境

社会环境包括自然环境、人文环境、经济环境、政治环境等，它们能为人营造不同的情境，人们处在不同的情境中会产生不同的行为和思想观念，也就是说，社会环境会对人们当下的行为和思想观念产生影响。当一个人周边的社会环境发生变化时，这个人的行为和思想观念也可能发生变化。

在创作文案时，创作者要考虑用户所处的社会环境，并根据社会环境的特点制定相应的文案传播策略。在社会环境的影响下，现在的用户群体更强调个性，一些用户在关注商品性价比的同时，也特别看重商品是否能够成为彰显其个性的符号和象征，关注商品的气质是否与自我个性相符，是否能够与自我气质产生共鸣。因此，为了让短视频与直播文案获得更好的传播效果，创作者可以在文案中强调并展现用户的个性。

2. 人际环境

个人所处的群体环境也会对个人的行为和观念造成影响。每个人都需要和不同的人交流，需要生活在不同的群体中，在群体中与他人交流的过程中，人们容易受到群体中他人的影响，个人就容易丧失自我个性而形成群体性的价值观。

在群体中，各种情绪、行为都具有一定的传染性，群体中的人很容易受到这些情绪、行为的影响。从这个角度来说，创作者要想扩大文案的影响范围，应该考虑将文案放在一个群体中进行传播。

群体的辐射范围是有限的，研究证明150人的群体是人类群体最佳链接的人数，在这样的群体内，信息能够获得比较高效的传播。因此，创作者在选择文案传播的群体时可以单点突破，以某个地理位置为中心，对该位置邻近的地方进行逐步辐射，逐渐让同一个群体内的人对文案形成认知，当同一个群体内的人开始讨论文案中的相关信息时，说明该文案已经在人际环境被自发地传播了。

8.2.5 用户的态度

短视频与直播文案的用户处于文案传播的最后一个环节，他们的状态会对文案的传播效果产生重要影响。当用户的情绪处于被唤醒的状态时，他们才更愿意积极、主动地传播文案。

所谓情绪被唤醒，就是指情绪处于一种激动、随时准备采取行动的状态，如兴奋、恐惧、愤怒等都属于情绪被唤醒的状态。例如，一条情景喜剧类短视频的文案让用户感到很好笑，用户的情绪处于兴奋状态，此时用户就很愿意对这条短视频做出点赞、评论、分享的动作。因此，创作者要懂得运用一定的技巧让文案能够唤醒用户的情绪，这样才能更好地激发用户产生传播文案的行动力。

8.3 提升文案的传播力

用户时间碎片化、注意力稀缺对文案创作提出了更高的要求，创作者需要运用一定的技巧来提升文案的传播力，让文案获得更广泛的传播。

8.3.1 设置符号

符号是人们共同约定用来指称一定对象的标志物，它包括以任何形式通过感觉来显示意义的全部现象。符号首先是一种象征物，用来指称和代表其他事物；其次，符号是一种载体，它承载着交流双方发出的信息。代表一定意义的视觉形象（如品牌Logo）、声音形象（如不同品牌手机特有的铃声）、触觉形象（如毛绒玩具摸起来的柔软）、味觉形象（如老干妈辣酱的味道）等都属于符号。

1. 符号的类型及其特征

根据符号与表述对象的关系，可以将符号分为3种类型，即图像符号、指示符号和象征符号，如表8-4所示。

表8-4　符号的类型及其特征

符号的类型	特征	示例
图像符号	基于符号形体与其所表征的对象之间存在的某种相似性，采用模仿或写实的方式来表征对象。也就是说，图像符号中的符号形象与其所表征的对象的某些特征是相似的，用户通过符号形象能够联想到其所代表的对象	象形文字
指示符号	符号形体与被表征的对象之间存在因果、临近性或逻辑性的联系，使符号形体能够指示或索引被表征对象的存在	音符
象征符号	以社会约定俗成的方式确定符号形象，被表征的对象并非单一、小众的存在，也不依赖特定的时空条件，而是具有普遍性的事物类别	鸽子象征和平

2. 灵活地运用符号

在信息的传播过程中，符号发挥着重要作用，它在一定程度上让信息变得简洁、直观，让信息更易于传播。在写作短视频与直播文案时，创作者要懂得充分利用符号的传播特质，增强文案的传播属性。

创作者在文案中使用符号时，需要注意以下事项。

（1）多元组合符号

在以报纸为主的纸质媒介中，符号的形态主要是文本、图片和版面排版，这些都是静态的、无声的符号；在广播媒介中，符号的形态主要是语音、声音等，这些是动态的、有声的符号；在电视媒介中，出现了语言、图像、声音等多种形态的符号，符号的组合形式多样化。在互联网时代，技术的发展使符号的形式越来越丰富，除了文字、静态图片、声音等符号形态，又出现了动态图片、超链接等符号形态，创作者通常会将不同形态的符号进行组合来呈现信息。

在短视频与直播文案的传播过程中，创作者要充分发挥符号能够模拟、指向和象征某种对象的特征，将不同形态的符号进行多元组合，使文案内容获得更好的表达效果，为用户呈现图文并茂、影音俱全的信息。

（2）符号表意要直白

如果用户浏览一篇文案后无法准确理解文案想要传达的信息，甚至不明白文案在说什么，那么这就是一篇失败的文案。因此，在短视频与直播文案的创作过程中，创作者最好使用已知的、深入人心的符号元素，避免使用生涩的、不易理解的符号，以便为用户创作直白、易于理解的内容。例如，华为的Logo像一朵菊花，在抖音上华为就自称为“菊厂”（见图8-17），在短视频文案中，“菊厂”就是代表华为的一个符号，且这个符号已经深入人心。

图8-17　使用表意直白的符号

8.3.2 创造社交货币

社交货币是引发用户产生传播文案的行为的动机之一，创作者在写作文案时要重视社交货币的作用，懂得在文案中创造社交货币。

1. 帮助用户塑造自我形象

人们与他人分享观点、经验等信息并非是无意识和无目的的，人们的分享行为很多时候是为了让对方更好地认识自己，塑造自己在他人眼中的形象，包括外部形象、思想形象和理想形象等。

（1）外部形象

外部形象是说明一个人是谁、来自哪里、是一个怎样的人的相关信息的总和。人们分享这些信息相当于告诉别人我是谁。例如，身材娇小的人更容易分享身材娇小巧穿搭之类的文案，体现了这个人对自我身材的认同，也是这个人借用社交货币告诉他人：我是一个身材娇小的人，我非常会穿搭。一个喜欢制作美食的人通常会分享一些与美食制作相关的信息，也是在向他人传达“我是一个热爱制作美食的人”的形象。

（2）思想形象

思想形象主要体现了一个人认知事物、辨别是非的一种思维或取向。例如，分享“自律使我更自由”内容的人，是在向他人传达自己是一个喜欢自律的人。

（3）理想形象

很多人都会在心中构想一个自己的理想形象，但是现实生活中的形象与理想形象还有一定的距离，当某个文案的内容正好体现了某个人的理想形象时，这个人通常就会将这个文案作为社交货币分享出去。例如，一个渴望进行自驾游的人更愿意分享提到自驾游相关信息的文案，因为这样的文案体现了这个人尚不能实现的理想形象。

创作者在写作短视频与直播文案时，可以在文案中添加一些能够彰显用户自我形象的信息，让用户可以将文案作为社交货币与他人分享。

2. 运用社会比较心理

社会比较是一个社会心理学名词，是指个体就自己的信念、态度、意见等与其他人的信念、态度、意见等做比较。社会比较心理是一种普遍存在的社会心理现象，是人类在相互作用过程中不可避免的。例如，人们在朋友圈分享步数排行就是社会比较心理的体现。在写作文案时，创作者可以添加排行榜之类的内容，运用用户的社会比较心理来刺激其分享传播文案。

3. 提供实用价值

在社交活动中，向朋友分享一些对方需要的内容是对对方的一种帮助，被分享的内容就是社交货币。对分享内容的人来说，这种分享行为是对未来的一种投资，有利于加深分享者与朋友之间的感情。

例如，对喜欢拍照的朋友，向其分享一些介绍拍照技巧的内容，可能会获得他们的喜欢；对经常制作PPT的朋友，向其分享一些制作PPT的技巧，会更受他们的欢迎。创作者可以在文案中添加一些具有实用价值的内容，为用户创造具有实用价值的社交货币，以实现用户帮助别人的需求，如图8-18所示。

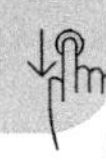

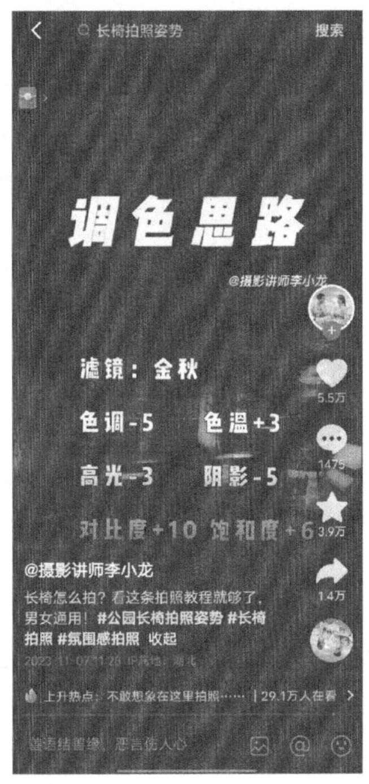

图8-18 提供实用价值的文案

8.3.3 增强信息黏性

在现实生活中，有些信息只能给人留下短暂的印象，但有些信息则能让人听后念念不忘。信息黏性是指文案中的信息能够让用户看懂，能够容易地被用户记忆、分享和传播，并对用户产生持久的影响力。

如果短视频与直播文案容易被注意、记忆，能够让用户看后念念不忘，就更容易被广泛传播。要想增强短视频与直播文案信息黏性，创作者可以运用以下技巧。

1. 简单：让文案信息易于理解

在大数据时代，人们的时间逐渐碎片化，注意力也逐渐变得稀缺，复杂的信息往往会增加用户的理解难度，一些用户可能会因为觉得浪费时间和精力而放弃阅读信息。如果用户连阅读、理解信息都不愿意去做，就更不可能去分享、传播信息。因此，创作者要尽量让文案的内容简单化，易于用户理解。

让文案信息简单化就是将文案的核心内容用简练的语言表达出来。第一，在写作文案之前，创作者要提炼出文案的核心信息。面对众多信息，创作者可以问自己一个问题：“在这些信息中如果只强调一个信息，那么这个信息是……”通过这样提问自己，创作者通常就可以从众多信息中筛选出最核心的信息用于文案写作。

第二，创作者要将核心信息用简单的方式表达出来，一是用通俗易懂的语言来解释用户不易理解的信息，用易于理解的语言来代替高深、人们不熟悉的专业术语；二是使用结构简单的句子来进行表述。

2. 具体：让文案信息易于记忆

文案信息的表达要具体化，即创作者要把抽象的内容表达得很具体，换句话来说，就是创作者要将看不见的、不易理解的内容变成看得见的、容易理解的内容。

3. 情感：使受众在乎

当人们用情感进行思考时更容易被打动。如果短视频与直播文案能够勾起用户喜悦、悲伤、恐惧、善良等情感，让用户关心、在乎这种情感，则有利于刺激用户主动分享传播文案。

图8-19所示为某美食类短视频创作者发布的一条短视频，其短视频内容简介的文案为“父母退休在乡下，尽自己所能给他们复刻点各个城市的美味！今天整个‘胡辣汤’”，有利于激发用户关心父母、孝敬父母的情感。

4. 关联度：刺激用户产生行动

关联度是指文案中的内容与用户自身利益相关，让用户关心、在乎，进而激发用户付诸行动。因此，创作者在写作文案之前要做好市场调研，分析目标用户的真实需求，在文案中添加能够满足用户需求的信息。

例如，华为在抖音发布的一条讲解华为笔记本电脑与平板电脑产品功能的短视频，其短视频内容简介的文案是“上班突然发现方案忘家里怎么办？”，如图8-20所示。该条短视频的目标用户群体是职场人士，文案传递的信息与职场人士的工作密切相关，问出了很多职场人士在面对职场中可能会遇到或是曾经遇到的窘境应该如何解决的心声，有利于激发有同样疑问的职场人士分享短视频。

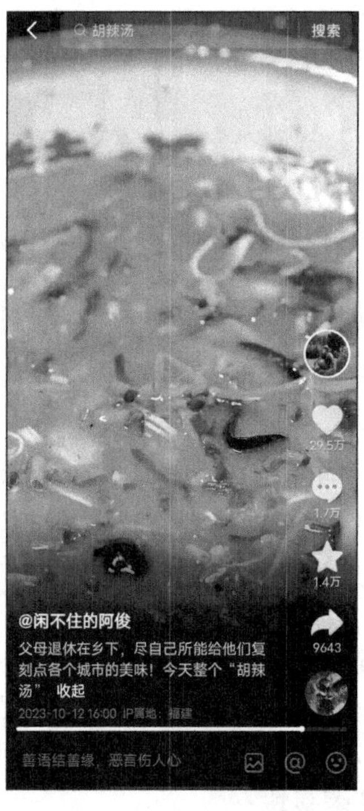

图8-19 能勾起用户情感的文案

图8-20 关联度高的文案

8.3.4 追踪热点

热点是指当前社会关注度较高，引发广泛讨论的事件、话题或现象。热点本身是已经

经过时间和市场验证的，是用户喜爱和乐于分享的内容，自带话题和流量。如果创作者能够及时获取热点并充分利用热点，就能以较低的创作成本获取巨大的流量，将热点的势能快速转移到自己身上，从而提升文案的传播效果。

1. 掌握热点的类型、特点和收集渠道

一般来说，热点可以分为可预测性热点和突发性热点两大类，具体如表8-5所示。

表8-5 热点的类型、特点和收集渠道

项目	可预测性热点	突发性热点
释义	可以预测的，在一定时间内一定会发生的热点，或者是可以预见的即将萌芽的热点，如国家法定节假日、名人纪念日、大型赛事等	一些不可预见的活动或突发事件，如突发的社会事件、新闻、当下热门的影视剧或综艺节目等
特点	① 备受大众关注，用户群体比较广泛； ② 时间相对固定，创作者可以提前做准备； ③ 同质化内容较多，对创作者的策划能力和创作能力考验较大	具有较强的突发性，流量大、爆发快，给创作者留的反应、准备时间极短，需要创作者能在短时间内获得精准信息，在热点爆发的第一时间就迅速跟上，一旦错过最佳时机，可能就达不到借势的效果
收集渠道	可以监控可预测性热点的工具，如96微信编辑器、运营派、壹伴等	微博热搜榜、头条指数、百度热搜、知乎热榜等网站

2. 多角度分析热点

当遇到热点时，创作者不能一哄而上，盲目地去追踪热点，而要快速对热点进行多维度分析，判断该热点是否应该被追踪。创作者可以从以下7个维度来对热点进行分析。

（1）时效性

时效性是指热点所处的阶段。一般来说，一个热点的发展会经历爆发期、扩散期和冷却期3个阶段。对处于爆发期的热点，创作者要快速追踪，在短时间内形成文案；对处于扩散期的热点，网络上通常已经积累了大量同质化的内容，创作者要想使自己的文案更出彩，需要找到独特的切入角度；处于冷却期的热点的热度已经降低，甚至已经没有了热度，对处于此阶段的热点，除非创作者有非常新颖的切入点，能从独特的角度从热点中挖掘出新内容，否则可以放弃该热点。

（2）用户

用户是指创作者要分析热点的主要用户群体是哪些人，热点的用户规模如何等。创作者可以重点关注用户群体与自己的短视频的用户群体特征相似的热点，这样更容易吸引关注热点的用户传播并分享融入了热点的文案。

（3）热度

热度是指用户对这个热点的关注程度。用户对热点的关注程度越高说明这个热点的人气越高，对于这样的热点，创作者可以重点关注，分析如何在自己的文案中巧妙地融入该热点。

（4）传播度

传播度是指该热点是否存在能够引导用户主动传播的因素，例如，热点能够激发用户某种情感，热点能够帮助用户解决某种烦恼，热点能够给用户带来欢乐等。某个信息之所以能成为热点，主要是因为用户不间断地分享、传播该信息。如果用户对某个信息只是抱

着看热闹的态度，而没有转发扩散该信息的想法，那么这个信息就很难成为热点，创作者也就没有追踪的必要。

（5）话题度

话题度是指一个热点是否带有话题的讨论点、争论点。具有话题度的热点更容易吸引用户的主动参与和传播。

（6）相关性

相关性是指热点与品牌/商品是否具有一定的关联性。如果创作者强行追踪一个与自己品牌/商品毫无关联的热点，最终只能做一个热点的传递者，加深用户对该热点的印象，却不能让用户对品牌/商品产生深刻的印象。

（7）风险性

风险性是指创作者要分析热点是否存在相应的风险，是否涉及法律、法规、道德伦理、民族利益等。创作者在追踪热点时务必要保持理智，在不能确定热点内容真实性的情况下，不要盲目地下结论，在利用热点写作文案时要谨慎，切莫为了博眼球而越过底线。

3. 选择合适的角度切入热点

创作者确定某个热点值得运用之后，就要尽快确定如何运用该热点才能达到最佳效果。创作者可以采用“阐述热点+融入短视频/直播内容+引导分享”的模式来运用热点写作文案，即先客观、准确地阐述热点事实，再选择合适的角度将热点与短视频/直播内容相融合，最后运用热点引导用户分享短视频或直播信息。

追踪热点的本质是借势营销，让自己的短视频与直播内容借助热点的流量获得快速传播，如何将品牌/商品与热点完美地融合在一起是关键。

创作者要充分了解短视频与直播的核心内容，以及热点的主要内容，然后将短视频与直播涉及的关键词和热点涉及的关键词分别罗列出来，如果短视频与直播涉及的某个关键词可以与热点涉及的某个关键词合理地衔接起来，就可以将这两个关键词作为热点的切入点。

此外，创作者还要关注与热点相关的关键词的搜索量，尽量选择搜索量高的关键词来写作文案，这样有利于提高文案被用户搜索到的概率。

现在自媒体行业同质化内容较多，追踪热点也不例外，一个热点可能会催生数十篇高度相似的文案，面对大量同质化的内容，用户很容易产生审美疲劳。因此，创作者要想让自己的文案更受关注，在运用热点进行写作时就要具有一定的创新性，最好能从不同的角度来剖析热点，为用户创造一个新的解读热点的视角。

8.3.5 制造话题

抛出一个话题引发讨论，是一种非常容易吸引人们参与互动的方法。因此，当没有热点可追的时候，创作者可以主动制造话题。制造的话题要能引发用户思考，引起用户讨论和分享。此外，话题要符合社会主义核心价值观，不能给社会造成负面影响。

人们在社交媒体上分享的内容来源于生活中的所见所闻，其中能够让用户产生共鸣、崇拜、同情、欣慰等情感的内容往往能够引起用户分享和传播。图8-21（a）所示为小米手机发布的一条短视频，其内容简介文案为“说说你最喜欢的MIUI功能是什么？”对小米手机的粉丝来说，这个话题非常容易引起他们的共鸣，容易引发他们进行讨论和分享。又

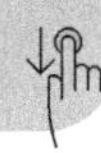

如，小米手机在抖音上发起的“我的青春双倍出色”挑战，其文案是“青春是一道开放命题，独特的我们，不做千篇一律的表达”，如图8-21（b）所示，引起了很多用户对青春的回忆，既制造了话题，又激发了用户的共鸣。

（a）

（b）

图8-21　小米手机发布的制造话题的文案

8.4 分析文案传播效果

传播效果是指传播对人的行为产生的有效结果，具体指用户接收信息后，在知识、情感、态度、行为等方面发生的变化，通常意味着传播活动在多大程度上实现了创作者的意图或目的。创作者分析文案的传播效果，可以让自己明确实施文案传播的方向和目标，并优化文案传播方式。

8.4.1 文案的曝光率

文案的曝光率是指文案在一定时间内被用户看到的频率，它是体现文案传播范围和覆盖面的重要指标。

用户使用关键词在搜索引擎中进行搜索，包含关键词的文案就会被展示在搜索结果中；当用户打开抖音App，投放了开屏广告的短视频会被推送到用户的眼前；在用户使用抖音App浏览短视频的过程中，投放了信息流广告的短视频就会出现在其中……这些都会对文案的曝光率产生影响。

一般来说，文案的曝光率越高，文案就越容易被用户看到，短视频与直播内容的影响范围就越大。因此，创作者要制订有效的文案传播策略，选择精准的目标用户，提高短视频与直播文案的曝光率，从而提高短视频与直播的影响力，最终达到推广品牌和商品的目的。

8.4.2 用户的参与度

参与度是指用户在各个平台上通过各种形式与创作者进行交流，并参与各种形式互动的程度。

参与度评价的是用户与文案的互动性。传统媒体信息传播的方式是单向的、线性的、不可选择的，表现为在特定的时间内由信息的发布者向用户发布信息。新媒体改变了传统媒体“传播者单向发布信息、用户被动接收信息”的状态，使每个用户既是信息的接收者，又可以成为信息的传播者，这样就增强了信息的互动传播，提升了信息的传播效果。短视频与直播是新媒体的典型代表，用户可以在浏览短视频与直播文案的过程中随时随地发表自己的见解，与他人进行互动，大大提升了用户在文案传播过程中的参与度。

创作者可以利用网络登录量、用户注册量、关注量、转发量、评论量等参数来评估用户的参与度。例如，在抖音平台上，创作者可以利用点赞量、评论量、收藏量及转发量来衡量用户在某条短视频传播过程中的参与度；在小红书平台上，创作者可以利用点赞量、收藏量、评论量来衡量用户在短视频传播过程中的参与度，如图8-22所示。

图8-22　衡量用户的参与度

8.4.3 用户的行动力

用户的行动力是指文案信息是否能够激发目标用户的关注，并激发用户产生实际行动的能力，它是衡量文案传播效果的终极标准。通常所说的流量变现、在直播间下单购买商品、点击短视频中的链接购买商品就是用户行动力的体现，也是文案传播效果最大化的体现。

在评估行动力时，通常以真正转化的实际利益为标准。例如，在抖音平台上，创作者可以通过查看账号数据中的7日收入来评估短视频文案的传播效果，如图8-23所示；对带有商品链接的短视频，创作者可以通过分析该条链接下商品的销售量来评估文案的传播效果，如图8-24所示。

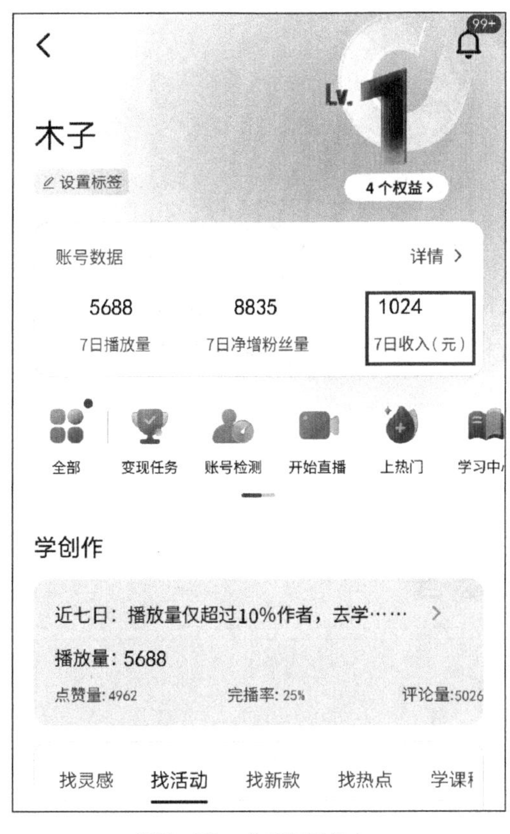

图8-23　分析7日收入

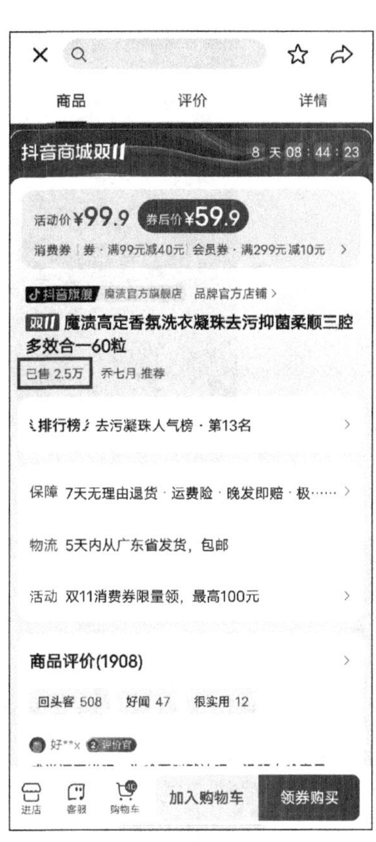

图8-24　分析商品销售量

实训案例

阅读如图8-25所示的图片，说一说图中短视频内容简介文案是如何运用影响短视频与直播文案传播的因素的，并讨论这两个文案的传播效果，如点赞量、评论量、收藏量和转发量。

在短视频或直播平台上收集vivo和OPPO两个手机品牌发布的短视频与直播文案，每个品牌收集5条，对比这些文案的特点，并说一说这些文案的传播效果如何。

图8-25　手机品牌短视频文案

课后思考

1. 简述影响短视频与直播文案传播的因素。
2. 简述创造社交货币的策略。
3. 简述追踪热点的技巧。
4. 简述分析文案传播效果的方法。